MERIAN *aktiv*

Würzburg
und Mainfranken

Heidi Bauer & Anja Zeller

Erläuterung der Symbole

 Restaurant

 Museum, Galerie

 Wandern, Spazieren

 Radeln

 Zoo, Tiergehege, Reiten

 Besichtigung

 Theater, Veranstaltung

 Wasseraktivitäten

 Tipps für Kids

 Sport & Fitness

 Freizeit-/Activitypark

 Shopping

 für Regentage

Inhalt

Inhalt

77 Ausflüge in und um Würzburg bietet dieser MERIAN *aktiv*. Manche Touren führen dabei bewusst über Mainfranken hinaus, denn landschaftliche Schönheit endet nicht an geografischen Grenzen. Die Redaktion wünscht viel Vergnügen bei der Auswahl Ihrer Tour.

Würzburg und Mainfranken stellen sich vor

von links nach rechts:
Festung Marienberg in Würzburg ▸ S. 46
Rothenburg ob der Tauber ▸ S. 88
Ein Winzer bei der Weinprobe ▸ S. 58
Der Hofgarten der Residenz von Würzburg ▸ S. 52

Der Main, die Weinberge und die Burg: Würzburg vereint alle Schönheiten der Region.

Nennt mir das Land, so wunderschön ...

Mildes Klima, Sonne wie im Süden, mauerumschlossene und turmbewehrte Städtchen, reizvolle Täler, sanfte Hügel, barocke Pracht, leckere Weine, starke Biere, lukullische Genüsse und fränkische Gastlichkeit, Freizeitmöglichkeiten von Angeln bis Zeltlager wie bei den Römern prägen die Region zwischen Bamberg, Würzburg und Aschaffenburg, von der Rhön bis Hohenlohe.

In zahllosen Schleifen schlängelt sich der Main auf einer Gesamtlänge von 527 Kilometern als Lebensader von Bier- und Weinfranken durch Böden von Keuper, Muschelkalk und Buntsandstein, durch saftige Weinberge, vorbei an sattgrünen Wiesen, fließt ums Maindrei- und -viereck, durch Churfranken, vorbei am Odenwald und durch die dichten Wälder des Spessart. So vielfältig wie der Lauf des Flusses, so weit ist die Bandbreite der Möglichkeiten, die durchflossene Kulturlandschaft (neu) zu entdecken – zu jeder Jahreszeit und für alle Generationen, für Singles und Familien, Jugendliche und Senioren, für Gruppen gleichermaßen wie für Einzelreisende.

Würzburg ist mit rund 133 000 Einwohnern zwar nur die fünftgrößte Stadt in Bayern, doch nicht wenige weit größere Städte blicken neidvoll auf das, was die mainfränkische Metropole zu bieten hat. Ihre Seele ist fränkisch, doch ihr Herz schlägt europäisch und international. Die altehrwürdige Universitätsstadt ist mit ihren annähernd 30 000 Studenten jung und weltoffen, präsentiert sich kosmopolitisch. Die Atmosphäre in Würzburg ist einzigartig: ein prickelnder Cocktail aus Lebensfreude, Kunst, Kultur – eine Sinfonie fränkischer Lebensart mit internationalen Zwischenakkorden. Der Werbeslogan findiger Marketingstrategen trifft es auf den Kopf: »Würzburg macht Spaß«. Die Verbindung von Tradition und Mo-

derne, die Vielfalt der möglichen Erlebnisse von der fränkischen Gemütlichkeit bis zur sportlich aktiven Freizeitgestaltung ist einmalig.

Nicht erst seit Dirk Nowitzki als Ausnahmebasketballer in der NBA in den USA punktet, nein, schon seit Jahrtausenden tragen berühmte Söhne Würzburgs Namen in alle Welt, und es lohnt sich allemal, auch in ihrer Heimat auf ihren Spuren zu wandeln. Die weltgrößte Sammlung von Werken Tilman Riemenschneiders birgt heute das Mainfränkische Museum auf der Festung Marienberg. Auch überall in der Umgebung finden sich Kleinode des Meisters, versteckt in hübschen Kirchen. Nicht wenige dieser wiederum tragen die Handschrift des Barockbaumeisters Balthasar Neumann, der wie kein anderer Frankens Architektur mit seinen Sakral- und Prachtbauten in Glanz und Gloria des Barock prägte.

Und noch ein Kulturgut ganz anderer Art prägt die Region: der Frankenwein. Auf über 6000 Hektar erstrecken sich die Rebflächen in Franken, und zum Wein führen viele Wege: Wem danach ist, der darf so manchem Weinbauern bei der Arbeit zur Hand gehen und die feinen Trauben selbst verlesen. Weniger arbeitsintensiv ist die Möglichkeit, den guten Tropfen in einem der hübschen Winzerstädtchen in Vinotheken und Winzerkellern zu verkosten. Traditioneller geht's in den typisch fränkischen Hecken- oder Häckerwirtschaften zu, die dem Gast den Schoppen zur zünftigen Brotzeit

Schnitzaltäre und Wein

kredenzen. Wen es nach mehr Wissen rund um den Wein dürstet, der erfährt bei einer Kellerführung in Würzburg vieles über die Kunst des Kelterns, oder er lernt in einem Museumsweinberg historische Rebsorten kennen, so beispielsweise in Röttingen. Apropos: Dort gehen viele Uhren ohnehin ein wenig anders – nach der Sonne, und wer sich auf die Suche nach ihnen begibt, entdeckt auf einem Rundweg 25 einzigartige Zeitmesser.

»Ich saz ûf eime steine ...« Walther von der Vogelweide am Würzburger Frankoniabrunnen.

Überhaupt lässt sich die Region auf einem der ungezählten Wander- und Themenwege hervorragend zu Fuß ergründen oder mit dem Rad oder Mountainbike naturnah erfahren – ob lieber vom Obermain bis zur Mainmündung oder auf dem römischen Limes rund um Walldürn. Besonders reizvoll ist es, die Lande um den Main vom Fluss aus zu erkunden – entweder bequem mit dem Passagierschiff, feuchtfröhlich per Floß oder paddelnd mit dem Kanu. Eine weitere Möglichkeit: express und geschwind auf Gleisen mit dem roten Schienenzug der Main-Schleifenbahn. Hübsche Städtchen und Dörfer, Schlösser, Residenzen, Kirchen, Klöster und Kapellen reihen sich gleich Perlen auf der Schnur – angefangen von der Deutschen Korbstadt Lichtenfels, über Bamberg und Würzburg, bis hin nach Aschaffenburg, von der Rhön bis ins Taubertal.

Abenteuerlustige wandern auf historischen Pfaden mit Sagengestalten oder fackelbewehrt durch den (winterlich verschneiten) Spessartwald. Wieder andere teilen das Stockbrot mit den Spessarträubern am Lagerfeuer. Alternativ begeben sie sich mit Schneewittchen von Lohr aus auf die Flucht über die sieben Berge oder lassen sich vom Märchenschloss in Mespelbrunn verzaubern.

Wem der Sinn nach Höherem steht, der wählt eine Kletterpartie durch die Baumwipfel oder hebt mit Motor- oder Segelflugzeug ab. Gemächlich aus der Vogelperspektive lassen sich Würzburg und die Region auf einer Ballonfahrt erfahren, und wer die Extradosis Adrenalin wünscht, nehme doch einfach mit dem Fallschirm den direkten Weg in vertikaler Richtung vom Himmel zum Boden.

Abwärts geht es im Winter auf Skiern auch vom Kreuzberg aus, und ganz tief eintauchen in die Erdgeschichte lässt es sich bei einer Höhlenerkundung in der Eberstadter Höhle oder beim Rundgang durch das Kupferbergwerk Wilhelmine in Sommerkahl. Lebendig wird das Leben von einst beim Besuch eines der vielen Freilandmuseen von Fladungen bis nach Bad Windsheim. Auch die Seele kommt nicht zu kurz: Mitten ins Herz führt die Exkursion durch die Kinder-Akademie in Fulda, nach Herzenslust experimentieren können Nachwuchsforscher in der experimenta Heilbronn, und beim Powershoppen in Wertheim schlägt das Herz der Schnäppchenjäger höher. Wem nach so viel Aktivismus eher nach Erholung ist, kann sein Mütchen in einem der vielen Naturbadeseen kühlen, in Wellnessoa-

Herz- und geisterfrischend

sen Kraft schöpfen, in der wärmsten Thermalquelle Bayerns baden, im Solesee von Bad Windsheim schweben oder wie Kaiser und Könige in Bad Kissingen kuren.

Schier unendlich ist die Vielfalt der Möglichkeiten für Sportsnaturen, Kulturliebhaber und Kunstinteressierte. Wer mit wachem Geist durch die Region pilgert, findet ganz persönlich für sich das Richtige – auf einer Entdeckungsreise für alle Sinne in einem überdimensionalen Freilichtmuseum.

Vorbei am Klatschmohn, hinein ins Vergnügen: Fahrradtouren durch Mainfranken.

77 Ausflüge für Freizeit und Kultur in Würzburg und Mainfranken

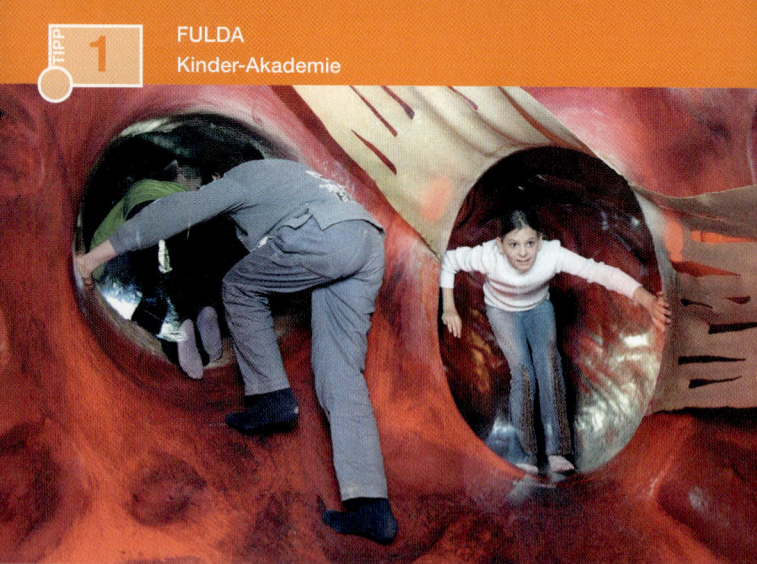

Eine Kletterpartie in die menschlichen Organe: das begehbare Herz.

Entdeckungsreise mitten ins Herz

Wie sieht unser Herz eigentlich von innen aus? Mitten ins Herz führt eine Entdeckungsreise in der Kinder-Akademie Fulda. In diesem ganz besonderen Museum für Kinder können die Besucher höchstpersönlich durch dieses lebenswichtige Organ spazieren, das dort auf einer Grundfläche von 36 qm und einer Höhe von 5 m überdimensional verkörpert wird.

Im »Begehbaren Herzen« (das nach einer Idee von Helen Bonzel gebaut wurde) folgen sie als »rotes Blutkörperchen« dem Blutstrom durch die Herzkammern und erforschen so den Blutkreislauf.

Die Kinder-Akademie Fulda (KAF) ist das erste eigenständige Kindermuseum Deutschlands. Organisatorisch gliedert sie sich in Museum und Akademie. Auf 2000 qm Ausstellungsfläche regen interaktive Objekte den Entdeckergeist der Kinder und Jugendlichen an. Ausprobieren, Experimentieren und Mitmachen sind dabei ausdrücklich erwünscht.

KARTE ▶ B1

Was: Kinder-Akademie
Wo: Kinder-Akademie, Mehlerstraße 4, 36043 Fulda, Tel. 06 61/90 27 30
Wann: Mo–Fr 10–17.30, So 13–17.30, Sa 13–17.30 Uhr (Okt.–April)

Wie viel: Museum: 3 €, Fam. 9 €; Museum + Herzführung: 6 €, Fam. 18 €; Fr 14–17.30 Uhr »happy hour«: alle Familienkarten zum halben Preis
Essen & Trinken: Museums-

Kafé, bietet Getränke, Kuchen und Tagesgerichte, während der Öffnungszeiten und Di bis 18 Uhr geöffnet; für Pausenproviant Picknickecke
Web: www.kaf.de

Kostümführungen im Park

Auf dem kleinen Schönbuschsee, auf den sich auch Angsthasen trauen können, da man ihm auf den Grund schauen kann, lässt es sich leicht ins Rokoko rudern. Der Kurfürstliche Pavillon in Blickweite entführt genauso in die Zeiten von Puder und Perücke wie der Park an sich, eine der frühesten englischen Landschaftsgärten. Der Mainzer Erzbischof Friedrich Carl von Erthal hat ihn in seinem ehemaligen Jagdgebiet vor den Toren der Stadt Aschaffenburg anlegen lassen. Als erstes Bauwerk wurde der Kurfürstliche Pavillon 1778 bis 1782 als kleines Sommerschlösschen im Stil Louis-seize durch den portugiesischen Architekten Emanuel Joseph d'Herigoyen errichtet. Bis 1790 vollendete der Schwetzinger Gartenkünstler Friedrich Ludwig von Sckell Schönbusch, der in den kunstvoll konzipierten Landschaftsbildern weitere Gebäude

versteckte: einen Aussichtsturm, den Freundschaftstempel, das Philosophenhaus, ein Dörfchen und einige Hirtenhäuser. Im ehemaligen Küchenbau, heute Besucherzentrum, kann man sich über die Geschichte des Parks informieren. Viel unterhaltsamer ist es natürlich, an einer der regelmäßig angebotenen Führungen teilzunehmen, die die Rokokozeit in Aschaffenburg »live« erlebbar machen. Ein grüner Hecken-Irrgarten, der 1829 erstmals angelegt und 1898 verändert wurde, sorgt für Nervenkitzel in der Beschaulichkeit!

(Ver)irren ist menschlich – aktiver Rätselspaß für Kids.

KARTE ▶ A3

Was: Park Schönbusch
Wo: Park Schönbusch, Kleine Schönbuschallee 1, 63741 Aschaffenburg, Tel. 0 60 21/62 54 78
Wann: Park ganzjährig; Kurfürstl. Pavillon: April–

Sept. Di–So 9–18 Uhr, Okt.–März geschl., stdl. Führungen (Dauer ca. 20 Min.)
Wie viel: Park: Eintritt frei; Pavillon: 3,50 €
Essen & Trinken: Schönbusch Bistro, Kleine

Schönbuschallee 1, 63741 Aschaffenburg, Tel. 0 60 21/ 44 85 60, Biergarten am Teich, April–Sept. tgl. ab 10 Uhr, mit Bootsverleih
Web: www.schoenbusch-ab.de

Ein bisschen Süditalien am Main

Das Renaissance-Schloss Johannisburg thront in Aschaffenburg hoch über dem Main. Jahrhundertelang wurde es durch einen Wassergraben gesichert. Als dieser militärisch nicht mehr sinnvoll war, legte man Nutzgärten an, bis Erzbischof Friedrich Carl von Erthal in der zweiten Hälfte des 18. Jh. einen Park samt romantischem Frühstückstempelchen bevorzugte. Es empfiehlt sich, den Schlosspark von der Johannisburg aus möglichst langsam zu durchschreiten, erst durch das Rosenspalier, dann auf den geschwungenen Wegen zu den verschiedenen Aussichtspunkten zu spazieren – und sich dabei mit der mediterranen Pflanzenwelt auf den Süden einzustimmen. Feigen-, Agaven- und Mandelbäume gedeihen im milden Klima Aschaffenburgs. Am Plateau mit dem Weinberg liegt dann eine bauliche Sensation: das Pompeja-

KARTE ▶ A3

Was: Schloss Johannisburg und Pompejanum, Spaziergang im Schlossgarten
Wo: Aschaffenburg. Information: Tourist-Information, Schlossplatz 1, 63739 Aschaffenburg, Tel. 0 60 21/ 39 58 00 und -8 01
Wann: Pompejanum: April bis Anfang Okt. Di–So 9–18 Uhr, Mitte Okt.–März geschl.; Schloss Johannisburg: April–Sept. Di–So 9–18, Okt.–März 10–16 Uhr

Wie viel: Kombikarte Schloss Johannisburg/ Pompejanum: 9 €, erm. 7 €
Essen & Trinken: Brauereigaststätte Schlappeseppel, Schlossgasse 28, 63739 Aschaffenburg,

num, von Bayernkönig Ludwig I. zwischen 1840 und 1848 als begehbares Denkmal der Antike errichtet. Schließlich konnten nicht alle seine Untertanen nach Italien reisen, um bei den Ausgrabungen im gerade wiederentdeckten Pompeji dabei zu sein, das 79 n. Chr. bei einem Vulkanausbruch mitten im Alltagsgeschehen untergegangen war. Ludwig war mit seinem Architekten selbstverständlich bei den Grabun-

gen vor Ort. Statt in München, hielt er sich bevorzugt in Aschaffenburg auf, wo die Luft für seine Gesundheit viel besser gewesen sei als in der Hauptstadt. Seiner Geliebten Lola Montez schrieb er im August 1847 aus dem Pompejanum: »Es ist so heiß, dass man meinen könnte, in Pompeji selbst zu sein.« Der König nutzte das fast fensterlose Gebäude also auch für sich selbst, um im Lichthof und den antik bestückten Zimmern der römischen Lebensart nachzuspüren. Dazu zog er schon einmal die Toga über und nahm die Mahlzeiten liegend ein. 1848 musste Ludwig abdanken und aus Schloss Johannisburg und dem Pompejanum ausziehen. Das Schloss dient seit 1964 als Museum und beherbergt die städtische und Teile der bayerischen Gemäldegalerie, darunter die weltweit größte Sammlung architektonischer Korkmodelle überwiegend römischer Gebäude, die der Aschaffenburger Hofbäcker Carl May zum Schmuck der kurfürstlichen Tafel angefertigt hat. Sein Kolosseum ist mit 3 m Durchmesser sogar das größte Korkmodell der Welt.

Der Architekt Georg Ridinger erbaute Schloss Johannisburg 1605 bis 1614.

Tel. 0 60 21/2 55 31, tgl. 10–1 Uhr
Web: www.aschaffenburg.de
Sonstiges: Führungen zum römischen Alltag, Sex & Crime, Sport in der Antike und Ludwig I. im Pompejanum, auch in Kostümen. Termine unter: www.fuehrungsnetz-aschaffenburg.de

Dem Kupfer auf der Spur

Helm auf, Lampe an und Kopf einziehen – sobald nach der Biegung des etwa mannshohen Gangs die letzten Sonnenstrahlen verschwunden sind, beginnt eine spannende Zeitreise in die Erdgeschichte. Vor 335 Millionen Jahren entstand im Karbon der Muskovit-Biotit-Gneis im kristallinen Grundgebirge des Spessarts, durch dessen Herzen sich die Gänge des Kupferbergwerks »Grube Wilhelmine« in Sommerkahl winden. Hier wurde einst eines der wenigen Kupfervorkommen in Bayern abgebaut.

2000 erweckte der Verein Kupferbergwerk Grube Wilhelmine Sommerkahl e. V. diese aus ihrem Dornröschenschlaf.

Seither regt sich wieder Leben in den alten Stollen. In ihrer Freizeit legen die Vereinsmitglieder – allesamt passionierte Hobby-Bergleute, die im richtigen Leben Lokomotivführer oder Ärzte sind – wie in alten Zeiten in Zusammenarbeit mit Bergbauamt Bayreuth und Gemeinde unermüdlich die früheren Gänge im Gestein frei. Auf einem derzeit rund 400 m langen Rundweg auf der 23-m-Sohle bringen versierte Führer die Besucher durch das Labyrinth unter Tage und erläutern, warum die Grube Wilhelmine so einmalig ist. Wer sich traut, der kann sich in der Grotte auch trauen lassen.

Wem nach der Zeit unter Tage nach viel frischer Luft ist, kann noch den 9 km langen Naturlehrpfad »Rund um die Wilhelmine« erkunden.

»Kumpel« erzählen von der harten Arbeit unter Tage.

KARTE ▶ A3

Was: Kupferbergwerk Wilhelmine
Wo: Grube »Wilhelmine« Wilhelminenstraße, 63825 Sommerkahl
Wann: April–Okt. Führungen nach Vereinbarung

(Ansprechpartner H. Krautschneider, Tel. 0 60 24/22 04), jeweils Di, Do, Sa und So zwischen 10 und 16 Uhr; der Verein bietet auch Sonderführungen an.
Wie viel: Erwachsene 4 €,

Kinder 2,50 €
Essen & Trinken: schöner Picknickplatz; Grillmöglichkeit in Absprache mit dem Verein Kupferbergwerk
Web: www.bergwerk-im-spessart.de

Aufstieg zur schönen Henneburg

Perspektiven: Blicke weit über den Main und 900 Jahre zurück in die Geschichte der Burg.

Auf der Henneburg hoch über dem Main kommen Entdeckernaturen auf ihre Kosten! Die Abenteuertour beginnt schon mit dem Aufstieg: Auf einem alten Wiesenweg mit verwitterten Sandsteinstufen geht es den Kühlberg hinauf. Dann gilt es, das Burggelände zu erobern. Wer traut sich in die dunklen Keller und Verliese? Und auf die beiden hohen Burgtürme? Alle Gebäudeteile sind frei zugänglich. Die Aussicht auf den Fluss, der hier auch Landesgrenze zwischen Bayern und Baden-Württemberg ist, und die ersten Hügel des Odenwalds ist grandios. Ritter? Wachleute nutzten einst die Henneburg für die Kontrolle des Mains, deren älteste Teile aus dem 12. Jh. stammen. Wohl um 1688 zerstört und seitdem Ruine, wurde sie vom bayerischen König Ludwig I. unter Denkmalschutz gestellt und gilt heute als eine der schönsten Burgruinen Deutschlands. Ständige Bewohner der Henneburg sind lediglich ein paar Ziegen, die man auch füttern darf.

KARTE ▶ A4

Was: Henneburg
Wo: Stadtprozelten (zwischen Wertheim und Miltenberg), Aufstieg von der Hauptstraße aus (neben Apotheke und Rathaus) zu Fuß in 10 Min.

Wann: ganzjährig geöffnet
Wie viel: Eintritt frei
Essen & Trinken: Burggaststätte Henneburg-Schänke, 97909 Stadtprozelten, Tel. 0 93 92/9 34 22 58, Mi–So ab 11 Uhr, Mo/Di

Ruhetag, im Winter Fr/Sa/So ab 11 Uhr
Web: www.henneburg.de
Sonstiges: Führungen auf die Burg nach Anmeldung, Tel. 0 93 92/9 34 22 58

Radtour zum Schloss Mespelbrunn

Einen märchenhaften Abstecher vom Main-Radweg ist Schloss Mespelbrunn wert, das versteckt in einem idyllischen Seitental des Flüsschens Elsava liegt. Auf der ehemaligen Bahntrasse der Elsavabahn, die bis 1968 zwischen Elsenfeld und Heimbuchenthal verkehrte und inzwischen zum Fahrradweg ausgebaut ist, kommt man in weniger als 25 km angenehm flach bis kurz vors Schlosstor. Als Startpunkt eignet sich der Bahnhof in Obernburg-Elsenfeld, wenige Hundert Meter von der Mündung der Elsava in den Main entfernt. Einkehrmöglichkeiten und Sehenswertes gibt es unterwegs in Rück (4 km), Kloster Himmelthal (5,8 km), Eschau (10 km), Hobbach (15 km), Neuhammer (17 km) und Heimbuchenthal (20 km). Schloss Mespelbrunn ist als »Neuschwanstein des Spessarts« zu Recht stets gut besucht. Tatsächlich ist

der Anblick dieser architektonischen Perle, die dank der abgeschiedenen Lage unbeschadet die Jahrhunderte überstanden hat, zu jeder Jahreszeit atemberaubend; die Harmonie der Farben und Gebäudeteile, die Fassade, die sich im Forellenteich spiegelt. Unvergessen auch Liselotte Pulver und Carlos

KARTE ▶ A3

Was: Schloss Mespelbrunn
Wo: Schloss Mespelbrunn, Schlossverwaltung, 63875 Mespelbrunn, Tel. o 60 92/2 69
Wann: Karfreitag bis Allerheiligen, tgl. 9–17 Uhr,

Tel. o 60 92/2 69, Führungen alle 15 Minuten
Wie viel: 4 € pro Pers. (inkl. Führung), 2 € erm.
Essen & Trinken: Wildromantisches Weinlokal Woischaiän, Hauptstr. 153,

63875 Mespelbrunn, Tel. o 60 92/14 16, Mi–Sa 16–1 Uhr, So, feiertags 11–1 Uhr, Mo/Di Ruhetag, durchgehend warme Küche, www.weinlokal-mespelbrunn.de;

Thompson vor der romantischen Kulisse im Blockbuster der 1950er-Jahre »Ein Wirtshaus im Spessart«, frei nach Wilhelm Hauff.

Das Schloss wird noch heute von der gräflichen Familie Ingelheim-Echter bewohnt. Sie sind die Erben der Familie Echter, die im 16. Jh. einen kleinen Gutshof in das dreiflügelige Wasserschloss mit rechteckigem Innenhof zu ihrem Stammsitz umbauen ließ und zu deren Sprösslingen der spätere Würzburger Fürstbischof und Herzog von Franken Julius Echter zählt. Er wurde 1545 in Mespelbrunn geboren und hat die Würzburger Universität und das Julius-Spital gegründet. Sein Geburtszimmer im nördlichen Turm ist innerhalb der kurzweiligen Schlossführungen zu besichtigen, ebenso wie der sehenswerte Rittersaal sowie die gotische Kapelle.

Die männliche Linie der Familie Echter erlosch bereits 120 Jahre nach seiner Geburt. Ihre Erben, die Pfalzgrafen von Ingelheim, durften aber mit kaiserlicher Erlaubnis das Echter-Wappen in das ihre integrieren und kümmern sich bis heute um Erhalt und Pflege der Anlage.

Wer möchte, kann in den alten Gemäuern sogar standesamtlich heiraten.

Fränkischer Landgasthof Elsavatal, Schlossallee 2, 63875 Mespelbrunn, Tel. 0 60 92/2 89, bett+bike, tgl. geöffnet, durchgehend warme Küche, www.elsavatal.de

Web: www.schlossmespelbrunn.de
Sonstiges: Hotel Lamm, St. Martinusstr. 1, 63872 Heimbuchenthal, Tel. 0 60 92/94 40 www.hotel-lamm.de,

mit Saunalandschaft direkt an der Elsava

Zwischen Himmelreich und Schöpfungswerk

Die hohe Kunst der Papierherstellung.

Das Himmelreich ist eigentlich mitten in Deutschland: in der Gemeinde Triefenstein. Diese verdankt ihren Namen einem »triefenden Stein«, einer Quelle, die auch in der Nähe des nach ihr benannten, 1102 gegründeten Klosters Triefenstein liegt. Zum triefenden Stein führt ein Weg durch die Klingenbach-Schlucht.

Hoch über Homburg thront das gleichnamige Schlösschen inmitten von »Edelfrau« und »Kallmuth«, zweier hervorragender Weinlagen. Pretiosen ganz anderer Art hütet der Cembalist Michael Günther: Im Privaten Museum »Clavier am Main« sind außergewöhnliche Sammlungen bedeutender Tasteninstrumente vom 17. bis frühen 19. Jh. zu bestaunen.

Interessant sind weiterhin die Tuffsteinhöhlen im Schlossberg, die angeblich schon vor Jahrhunderten frommen Mönchen als Wohn- und Klosterzellen dienten: Begehbar ist die größte, die Burkardusgruft.

Bei einer schaurig-schönen Zeitreise bei Nacht und Fackelschein bringen Mitglieder des Homburger Carneval-Vereins »die Steeäisel« in den Sagenwanderungen ein wenig Licht ins Dunkel der Vergangenheit. Während so manches Geheimnis gelüftet wird, schlummern andere noch immer in den Geschichtsbüchern.

Papier ist eben geduldig. Geduld brauchte es einst auch, damit dieses Schöpfungswerk entstehen konnte: 200 Jahre Papierkunst – von dem aus der Holzbütte geschöpften Bogen bis zur Papiermaschine, von der handwerklichen bis zur industriellen Produktion, zeigt das Museum Papiermühle Homburg in original historischer Kulisse.

KARTE ▶ B4

Was: Schloss, private Sammlung bedeutender Tasteninstrumente, Höhlenbesichtigung, Sagenführung, Besuch im Museum Papiermühle
Wo: Homburg, Triefenstein

Essen & Trinken: Homburger Bräuscheuere, Zeller Tor 6, 97855 Homburg am Main (Triefenstein), Tel. 0 93 95/87 68 82, www.braeuscheuere.de, Mo und Di nach Vereinbarung, Mi–Sa 17.30–24, So und feiertags 11.30–23 Uhr
Web: www.tourismus-triefenstein.de, www.triefenstein.de, www.papiermuehle-homburg.de

Paradies für Schnäppchenjäger

Was die legendäre Route 66 für die Biker, das ist der Exit 66 auf der Autobahn A3 für Shopping-Freaks. Natürlich werden sie nicht getrieben vom Easy-Rider-Feeling, sondern folgen dem Lockruf der Luxus-Labels und pilgern zu einem Mekka für Schnäppchenjäger: Lust auf Extravaganz? Das Wertheim-Village ist ein Outletparadies für Power- und Smartshopper. Über 110 international renommierte und deutsche Topmarken-Hersteller von Aigner bis ZooYork bieten hier reduzierte Artikel an, die Highlightkollektionen der vorangegangenen Saisons sogar 30 bis 60 Prozent reduziert (gegenüber dem ehem. UVP).

Das Städtchen selbst birgt kulturhistorisch wahre Schätze, und der Besuch lohnt sich nicht nur für Kunstinteressierte: Wertvolle Kleinode finden sich in den Museen – darunter neben dem Grafschafts- das Glasmuseum im ehemaligen Kallenbachschen Haus. Wer nach einem weiteren Einkaufsbummel durch malerische Altstadtgassen (»Zertifikat 1a-Einkaufsstadt«) noch Muße hat, sollte unbedingt von der Burgruine den Blick über das Städtchen schweifen lassen.

Wer Lust auf Shoppen hat, kommt im Wertheim-Village voll auf seine Kosten.

KARTE ▶ B4

Was: Shoppen in Wertheim
Wo: direkt an der A3 Frankfurt–Würzburg, Ausfahrt 66 (Wertheim/Lengfurt), Tel 0 93 42/9 19 91 00
Wann: Mo–Sa 10–20 Uhr, weitere Events wie *Late Night Shopping* oder verkaufsoffene Sonntage siehe Internet
Essen & Trinken: La Piazza, Almosenberg, 97877 Wertheim, Tel. 0 93 42/91 73 70; »Zum Goldenen Adler«, Mühlenstraße 8, 97877 Wertheim, Tel. 0 93 42/13 37, www.goldener-adler-wertheim.de
Web: www.wertheim.de, www.wertheimvillage.com

Der Zauber vieler Zisterzienserklöster liegt in ihrer zurückgezogenen einsamen Lage.

Zu Besuch bei den Zisterziensern von Bronnbach

Wer die versteckten Reize abseits touristischer Trampelpfade liebt, der ist im Kloster Bronnbach richtig. In einer romantischen Lichtung an der Tauber gelegen, ist die ehemalige Zisterzienserabtei direkt an der Taubertalstraße, nicht weit von Wertheim, für Radtouristen, die auf dem Radklassiker »Liebliches Taubertal« unterwegs sind, oder als Abstecher vom Main-Radweg optimal erreichbar. Auch die Westfrankenbahn hält bei Bedarf (bitte dem Zugführer rechtzeitig Bescheid ge-

ben!). Schnell über die Tauberbrücke hinüber, und man steht im Klosterareal. Das Gesamtensemble aus barock ausgestatteter Klosterkirche, Klostergarten, mittelalterlichem Kreuzgang und einer Orangerie mit dem nördlich der Alpen größten Außenfresko auf dem Sonnenfang ist wirklich sehenswert! Bei einer Klosterführung erfährt man nicht nur einiges über die Baugeschichte, sondern auch über den Ordensgründer Bernhard von Clairvaux und die Zisterzienser, die sich

---

KARTE ▶ B4

Was: Klosterbesichtigung, Konzerte, kulturelle Veranstaltungen, Märkte
Wo: Kloster Bronnbach, 97877 Wertheim, Tel. 0 93 42/9 35 20 20 20
Wann: April–Okt. Mo–Sa

10–17.30 Uhr, So und feiertags 11.30–17.30 Uhr, im Winter Führungen für Gruppen ab 10 Personen nach Vereinbarung
Wie viel: 4 € (inkl. Führung), 2 € erm.

Essen & Trinken: Klostergastronomie, Biergarten
Web: www.klosterbronnbach.de, Jahresprogramm der »Bronnbacher Kultouren«

stets in Wassernähe ansiedelten und von der Mitte des 12. Jh. bis 1803 im unteren Taubertal geistlich und wirtschaftlich tätig waren. Spezielle Führungen widmen sich den Kräutern im Klostergarten. In der Vinothek im Kellergeschoss kann man die Weine von 21 Winzern der Tauberregion kennenlernen, in der die drei Weinbauzonen Franken, Württemberg und Baden aufeinandertreffen. Am Kloster selbst wachsen, übrigens auf den wärmsten Tauber-Terrassen, badische Weine, die ebenso wie in Franken, aber nicht in Württemberg, im Bocksbeutel abgefüllt werden dürfen. In den Klosterinnenräumen, etwa im Barock-Highlight Josephsaal, werden das ganze Jahr über hochkarätige Konzerte veranstaltet. Im Sommer lockt ein Biergarten unter freiem Himmel, im Winter der Weih-

nachts- und an Ostern der Künstlermarkt mit exquisiten Anbietern.

Kloster Bronnbach wird heute also für vielfältige Zwecke genutzt. Neben den zahlreichen kulturellen Veranstaltungen ist der Archivverbund Main-Tauber im ehemaligen Spital eingezogen, das Fraunhofer-Institut erforscht Silikate im einstigen Rinderstall. Für Tagungen und Fortbildungen gibt es ein Gästehaus im alten Sitz des Klosterverwalters. Aber auch der religiöse Geist ist nicht verloren gegangen. Seit dem Jahr 2000 leben einige Patres der »Missionare von der Heiligen Familie« im Kloster, die in der Kirche Gottesdienste abhalten und auch in den umliegenden Dörfern seelischen Beistand leisten.

Der Sandsteinheilige gibt den Radlern seinen Segen.

Wo noch wie in alten Zeiten geschmiedet wird

Die lauten Schläge sind schon von Weitem zu hören: Mit der gewaltigen Schlagkraft von etwa einer Tonne saust der von Wasserkraft angetriebene Aufwerferhammer in monotonem Rhythmus auf die weiß glühenden Metallrohlinge herunter, die von Zangen gehalten werden. Präzise wird das heiße Eisen geformt.

3 km nördlich von Hasloch am Main steht ein Eisenhammer, der als aktives Industriedenkmal betrieben wird. Noch heute wird dort gearbeitet wie vor 230 Jahren, und der Schmied lässt sich dabei gerne über die Schulter schauen. Mit den noch immer voll funktionsfähigen Einrichtungen werden die unterschiedlichsten Schmiedeteile hergestellt, in erster Linie jedoch Klöppel für Kirchenglocken mit einer für eine Freiformschmiede unglaublichen Präzision.

Gegründet wurde der Haslocher Eisenhammer am 24. März des Jahres 1779. Gebaut wurde er rund 3 km nördlich des Dorfs Hasloch am Haselbach. Einige Hundert Meter talaufwärts legte man einen künstlichen Graben an, in dem das Wasser gespeichert und den Hammervertriebswerken zugeleitet wird.

Am Ende dieses sogenannten Wasserbaus liegen die Wasserräder, die die Eisenhämmer antreiben. Von den einst vier sind noch zwei erhalten: ein Aufwerferhammer und ein sogenannter Schwanzhammer. Ebenfalls mit Wasserkraft funktioniert das Kastengebläse, das die Luft im Glühofen erzeugt, um den Stahl zu erhitzen.

So wird der Eisenhammer im Zeitalter der regenerativen Energien auf gewisse Weise wieder modern.

Hier liegt noch ein heißes Eisen im Feuer.

KARTE ▶ A4

Was: Eisenhammer-Hammerschmiede
Wo: Hasloch/Bayrischer Spessart, Tel. 0 93 92/18 52
Wann: Mo–Fr 9–15, Sa 9–13 Uhr (Gruppen werden um Anmeldung gebeten)
Wie viel: 4 € (inkl. Führung), 2 € erm.
Essen & Trinken: Gasthaus Sonne, Brunnenstraße 1, 97852 Schollbrunn, Tel. 0 93 94/9 70 70; www.sonne-schollbrunn.de; Zum Hirschen, Spessartstraße 1, 97852 Schollbrunn, Tel. 0 93 94/9 70 46
Web: www.eisenhammer hasloch.de

Grimms Märchen einmal hautnah erleben – in Lohr ist das kein Problem.

Mit Schneewittchen über die sieben Berge

»Spieglein, Spieglein an der Wand, wer ist die Schönste im ganzen Land?« Für den Kenner der Märchen der Gebrüder Grimm selbstredend: Niemand anderer als »Schneewittchen, hinter den sieben Bergen bei den sieben Zwergen« – »und wenn sie nicht gestorben sind, dann leben sie noch heute« – so wie in Lohr am Main.

Die zauberhafte Prinzessin soll der Legende zufolge in dem geheimnisumwobenen Schlösschen inmitten der Lohrer Altstadt gelebt haben, das mit seinen weißen, spitzen runden Türmen dem Märchenschloss aus dem Bilderbuch beinahe aufs Haar gleicht.

Der Lohrer Historiker Karlheinz Bartels war es, der Parallelen zwischen dem Märchen und der Realität nachweisen konnte: So soll Schneewittchen 1729 als Maria Sophia Margaretha Catharina von Erthal in Lohr am Main geboren worden sein.

Auch wenn viele glauben, dass alles nur ein Märchen ist: In Lohr läuft einem von Zeit zu Zeit noch immer das schöne Schneewittchen höchstpersönlich über den Weg. Begeben Sie sich doch mal auf seine Spur und folgen der Prinzessin! Die sieben Zwerge führen auf einem 35 km langen Wanderweg durch den dunklen, nicht enden wollenden Spessart und über die sieben Berge nach Bieber.

KARTE ▶ B3

Was: Schloss und Schneewittchen-Wanderweg
Wo: Lohr am Main
Wie viel: Spessartmuseum im Schloss: 2,50 €, Kinder 1,50 €, Gruppen ab 10 Pers. 1,50 € pro Pers.

Essen & Trinken: Gasthaus Schönbrunnen, Hauptstraße 28, 97816 Lohr am Main, Tel. 0 93 52/93 41, www.schoenbrunnen-lohr.de, Do Ruhetag
Web: www.lohrer-

schneewittchen.de, www.lohr.de
Sonstiges: Schneewittchen und die Zwerge kann man für märchenhafte Führungen buchen (tourismus@lohr.de)

27

Vom Räuberwald zur Öko-Oase

Ein dichtes Netz von »Europäischen Kulturwegen« durchzieht den Spessart. Es wird vom Archäologischen Spessartprojekt angelegt, um die Besonderheiten der alten Kulturlandschaft wieder ins Bewusstsein zu rücken, fernab des Klischees vom gefährlichen Räuberwald.

Von der Mündung der Hafenlohr in den Main zu ihrer Quelle in Rothenbuch führt ein solcher, 25 km langer Kulturweg, der auch in einzelnen Abschnitten begangen werden kann. Zwölf Tafeln informieren am Wegesrand über das idyllische, seit jeher zwar kaum besiedelte, aber nicht unberührte Hafenlohrtal, in dem heute sogar Wasserbüffel grasen. Durch ihre Weideleistung werden ungeliebte Pflanzenarten wie Brennnessel, Brombeere und Distel reduziert. Seltene Tier- und Pflanzenar-

KARTE ▶ B3

Was: Europäischer Kulturweg »Natur und Literatur im Hafenlohrtal«, Markierung: gelbes EU-Schiffchen auf blauem Grund
Wo: Hafenlohrtal im Spessart

Wann: ganzjährig
Essen & Trinken: Gasthaus im Hochspessart, 97840 Lichtenau, Tel. 0 93 52/12 28, www.gasthaus-hochspessart.de, 11–23 Uhr, warme Küche 12–14

und 18-20 Uhr, Do Ruhetag; auch Vesper, Eis und Kuchen; Tiere, kleiner Spielplatz;
Gasthaus Hoher Knuck, 97840 Lichtenau, Tel. 0 93 52/13 20,

ten wie der Eisvogel oder das Knabenkraut haben in der einzigartigen Öko-Oase einen geschützten Lebensraum gefunden.

Der Wanderweg verläuft oberhalb des malerisch durchs Tal mäandrierenden Flüsschens. An einer Lichtung begegnen wir den beiden deutschen Dichtern Kurt Tucholsky (1890–1935) und Robert Gernhardt (1937–2006). »Lichtenau ... Die

Perle des Spessarts. Dies ist nicht das Wirtshaus im Spessart, das liegt in Rohrbrunn – aber wir benennen das um. Hier ist es richtig«, schrieb Tucholsky 1927 in der Vossischen Zeitung über Lichtenau. Er war im selben Jahr mit zwei Freunden auf »Fußtour« im Fränkischen unterwegs. Auch in Lichtenau blieben sie über Nacht, wozu man noch heute zwei gute Möglichkeiten findet. Während Tucholsky das »Gasthaus im Hochspessart« bevorzugte, das er am liebsten in sein persönliches »Wirtshaus im Spessart« umbenannt hätte, fand sich Robert Gernhardt auf seinen Spuren lieber auf der weinblattumrankten Laube des Gasthauses »Hoher Knuck« wenige Hundert Meter weiter zum Schreiben ein. An der Hafenlohr, inzwischen nur noch ein Bach, zwischen den beiden Wirtshäusern erinnern eine Informationstafel und die Gernhardtlinde samt Rastplatz an beide Dichter. Am nächsten Morgen kann es mit dem Kulturweg zur Quelle der Hafenlohr im Schlossgarten Rothenbuch oder wahlweise nach Weibersbrunn weitergehen.

Verwunschene Zauberwaldstimmung in der unberührten Natur des Hafenlohrtals.

Spessarter Forellen, Wildgerichte, Hausmacherkost, Eis und Kuchen
Web: www.spessartprojekt.de/kulturwege, www.hafenlohr.de, www.rothenbuch.de,

www.textlog.de/tucholsky-wirtshaus.html

Die sieben Zwerge und der Nikolaus? Bei der Waldweihnacht nichts Ungewöhnliches.

Stockbrot mit den Spessarträubern

Weihnachten im Wald! Gehört es da eigentlich nicht hin? Im Spessart wird unsere Sehnsucht nach natürlicher Heimeligkeit zur Weihnachtszeit gestillt – kein Stille-Nacht-Gesäusel vom Band, sondern richtiges Alphornblasen am Lagerfeuer, im Idealfall in sanftem Schneetreiben. An einer Rundstrecke am Wirtshaus Bayrische Schanz, das auf 531 m als höchstes seiner Art an der historischen Fernverbindung Birkenhainer Straße (heute Wanderweg) liegt, wird an den beiden ersten Adventswochenenden zur Pflege der Region die Waldweihnacht gefeiert. Stimmungsvoll werden Verkaufsbuden und Informationsstände mitten im Spessartwald aufgestellt und mit Fackeln beleuchtet. Die Veranstalter achten darauf, dass keine Plastikspielwaren angeboten werden, sondern ausschließlich regionale Produkte, die sich zum sofortigen Verzehr, für unterm Weihnachtsbaum oder zum Sich-selbst-Beschenken eignen. Es gibt Wurst und Honig aus Spessarter Produktion, Adventskränze und hochwertiges Kunsthandwerk. Glasbläser, Holzschnitzer und der letzte Spessarter Eisenschmied führen ihr Können vor Ort vor. Eine Pfadfinderjurte wird zum Märchenzelt umgewandelt und lädt zur Erzähl-

---

KARTE ▶ B3

Was: Spessarter Waldweihnacht
Wo: Bayrische Schanz, bei Ruppertshütten (Landkreis Main-Spessart), in der Nähe der Waldgaststätte Bayrische Schanz (direkt an der bayerisch-hessischen Grenze);
Anfahrt: Ins Naherholungsgebiet Bayrische Schanz fährt man von Würzburg aus über die B27 nach Karlstadt und weiter über die B26 nach Gemünden. Dort geht es rechts ab Richtung Ruppertshütten. Sonderbusse verkehren zur Waldweihnacht von Gemünden, Wächtersbach und Lohr aus.

stunde ein; Schneewittchen schaut höchstpersönlich mit den sieben Zwergen vorbei; in einer »lebenden Krippe« stellt sich das Weihnachtswunder dar. Die Mutigen gesellen sich zu den Spessarträubern, die Stockbrot am offenen Feuer rösten und neue Überfälle planen. Aber auch über die Tier- und Pflanzenwelt kann man im Spessartwald so einiges erfahren. Wie z. B. ernährt sich eigentlich die Maus zur Weihnachtszeit? Ist es den Bäumen nicht zu kalt im Wald? Rauschbärtige Forstmänner geben am Informationsstand des Naturpark Spessart gerne Auskunft. Kinder dürfen hier auch basteln oder in der Pferdekutsche eine Runde drehen. Am schönsten wird es im winterlichen Spessartwald allerdings erst mit Einbruch der Dämmerung. Während der Waldweihnacht wird hierfür ein ganzes Wegstück illuminiert; außerdem werden spannende Fackelwanderungen angeboten. Zum etwa 500 m entfernten Ruheforst kann man selbstständig eine besinnliche Wanderung über

die bayerisch-hessische Landesgrenze unternehmen.

Das Naherholungsgebiet und das Wirtshaus Bayrische Schanz sind natürlich das ganze Jahr einen Ausflug wert, die Gaststätte veranstaltet im Frühjahr und im Sommer Kabarett, Konzerte und ein buntes Kinderprogramm. Wenn dagegen im Winter Schnee gefallen ist, lohnt es sich, zum Rodeln und Langlaufen in den Spessartwald zu kommen.

Der Spessart ohne seine berühmten Räuberbanden ist kaum vorstellbar. Was diese finst'ren Gestalten wohl vorhaben?

Wann: erstes und zweites Adventswochenende
Fr 15–21, Sa 12–21, So 12–20 Uhr
Wie viel: Eintritt frei
Essen & Trinken: Waldschänke Bayrische Schanz,

97816 Lohr-Ruppertshütten, Tel. 0 93 55/6 18, www.bayrische-schanz.de, Mi–So durchgehend warme Küche 11.30–19.30 Uhr, im Winter nur am Wochenende, vom 26.12.–6.1. tgl.

geöffnet
Web: www.spessartwaldweihnacht.de

Naturparadies um historische Mauern

Sie ist das Wahrzeichen von Gössenheim: die mächtige Burgruine Homburg, die angeblich aus dem 11. Jh. stammen soll und als die flächenmäßig zweitgrößte ihrer Art in der Bundesrepublik Deutschland gilt. Die trutzigen Mauerreste erstrecken sich weit über den 300 m hohen Bergrücken inmitten des mit 613 ha größten Naturschutzgebiets im Landkreis Main-Spessart.

Die Besucher erleben eine einzigartige Symbiose von Denkmal- und Naturschutz mit wundervollen Ausblicken und Naturerlebnissen.

Dass heute nur noch Reste von der angeblich im 11. Jh. von den Brüdern Adolph und Reinhard von Hohenberg errichteten und nie bezwungenen Burg stehen, ist auf den Umstand zurückzuführen, dass die Gebäude nach Brand am 23. Januar 1680 immer mehr dem Verfall preisgegeben und die Burg ab 1725 aufgegeben wurde. Dem Einsatz des Homburg- und Denkmalschutzvereins Gemünden seit 1960 ist es zu verdanken, dass die Mauern der fast 1000-jährigen Ruine heute noch erhalten sind und die Anlage gefahrlos erkundet werden kann.

Von der Ruine Homburg selbst bietet sich ein toller Panoramablick über den Spessart bis hin zum Werntal. Noch immer wird an den Hängen unterhalb der Burg Weinbau betrieben. Der aus den Trauben der neuen Weinlagen gewonnene Tropfen trägt sogar den Namen des Wahrzeichens: Gössenheimer Homburg.

Wehrhafte Mauern trotzten Jahrhunderten des Verfalls.

KARTE ▶ B3

Was: Spaziergang durchs Naturschutzgebiet und zur »Ruine Homburg«
Wo: Burgruine Homburg, Gössenheim, Verwaltungsgemeinschaft Gemünden am Main

Wann: von Frühling bis Herbst
Wie viel: Eintritt frei
Essen & Trinken: »Schoppenfranz« in unmittelbarer Nähe zur Burg; Weinstuben Hack in Gössenheim,

Feser in Heßdorf, Höfling und Keller in Eußenheim

Wassersport auf der Saale

Nur wenige Städte liegen gleich an drei Flüssen, eine davon ist Gemünden im Spessart, wo die Sinn in die Fränkische Saale und diese wiederum in den Main mündet. Im Ortsteil Wernfeld gibt es sogar noch einen vierten Fluss: die Wern. Die Sinn steht unter Naturschutz und ist für die Schifffahrt gesperrt, doch auf der ruhig dahinfließenden Saale darf man sich, stets die Belange der Natur achtend, paddelnd durch die beschauliche Flusslandschaft fortbewegen: ob nur mal zum Schnuppern, während einer gemütlichen Dreistundentour, etwa von Gräfendorf bis Gemünden, oder gleich für einen Zweitagestripp mit Start in Hammelburg und Übernachtung auf dem Zeltplatz in Roßmühle. Cornelia Vierling betreibt am Campingplatz in Gemünden den ältesten Bootsverleih an der Saale. Sie transportiert die Boote für die Gruppen und Einzelperso-

nen an die gewünschten Ausgangsorte, während die Paddler das grün-weiße Erfurter Bähnchen (oder offiziell: den Unterfranken-Shuttle) nehmen, das stündlich in allen Dörfern entlang des Flusses bis Bad Kissingen hält. Dann kann es endlich losgehen ins feuchtfröhliche Unternehmen. Natürlich darf man jederzeit von den Kanus zum Baden ins Wasser springen. An den Wehren hingegen müssen die Boote aus dem Wasser geholt und zum Schutz der Fische vorbeigetragen werden.

Gemächlich oder sportlich? Paddeln nach Herzenslust.

KARTE ▶ B3

Was: Kanutour
Wo: auf der Fränkischen Saale, Bootsverleih Saaleinsel, Schlossberg 5, 97737 Gemünden, Tel. 0 93 51/6 04 54 63
Wie viel: Zweierkajak 6 €/Std., 30 €/Tag, drei Tage 85 €, Dreierkanu 9 €/Std., 40 €/Tag, drei Tage 110 €
Essen & Trinken: Hotel Restaurant Saaletal-Stuben, An der Saale 1, 97782 Gräfendorf-Michelau, www.saaletal-stuben.de; Campingplatz Rossmühle, 97782 Gräfendorf-Weickersgrüben, www.campingplatz-rossmuehle.de
Web: www.bootsverleihsaaleinsel.de

Der Weinbaubetrieb von Schloss Saaleck ist seit 1964 in städtischem Besitz.

Auf dem Weinlehrpfad

Ganz im Zeichen der Traube steht Hammelburg an der Fränkischen Saale. Schon im Jahr 777 wurden die Weinberge erstmals erwähnt: in einer Schenkungsurkunde Karls des Großen, der darin sein Königsgut dem Kloster Fulda übertrug. Frühere Erwähnungen von Weinbergen gibt es in ganz Franken nicht, sodass Hammelburg als älteste Winzergemeinde der Region gelten darf. Die Fuldaer Fürstbischöfe pflegten und hegten den Weinbau am südlichs-

ten Zipfel ihres Herrschaftsgebiets, und auch einzigem, an dem Weinbau möglich war, bis zur Säkularisation. Doch lebte stets auch die Hammelburger Bevölkerung vom Weinbau. Bei einem Rundgang durch die Altstadt kommt man nicht nur an einem prächtigen Renaissancebrunnen, dem vierflügeligen Roten Schloss mit der Touristeninformation und der barocken Getreidemühle, heute Stadtmuseum »Brot und Wein«, vorbei, sondern allein an sieben Weingütern und Winzerkellern. Mitten hinein in die Lagen geht es auf einem 5,8 km langen Weinlehrpfad, der am Parkplatz des 1649 durch den Fürstabt Joachim Grafeneck von Fulda gegründeten Franziskanerklosters Altstadt beginnt, in dem heute noch drei Ordensbrüder leben. Informationstafeln vermitteln Wissenswertes rund um den Anbau des Traubenweins an der Fränkischen Saale und die historische Verbindung zwischen Hammelburg und Fulda. Wer will, kann den Weinlehrpfad als Einstieg auf den 84 km langen Abtsweg nutzen und bis Fulda weiterwandern.

KARTE ▶ B3

Was: Weinlehrpfad
Wo: Stadt Hammelburg, Kultur und Fremdenverkehrsamt, Kirchgasse 4, 97726 Hammelburg Tel. 0 97 32/90 24 30
Wann: ganzjährig

Essen & Trinken: Zahlreiche Winzer bieten in der Altstadt Weinproben und Verköstigungen an. Biolandweine und kleine Speisen gibt es im Weinhäusle von Peter Plewe, Dalbergstr. 14, 97762 Hammelburg, Tel. 0 97 32/ 31 47, www.biolandwein gutplewe.de, Fr/Sa/So ab 18 Uhr und nach Vereinbarung.
Web: www.hammelburg.de

Radfahren im Herzen Deutschlands

Aktivurlaub in der Natur und am besten vor der Haustür. Das lässt sich einrichten! Wer den Main-Radweg schon kennt, kann von ihm aus mitten ins hügelige Herz Deutschlands, in die Rhön abbiegen. In Gemünden führt die erste Etappe des vom ADFC als Qualitätsradroute ausgezeichneten Radfernweges »Vom Main zur Rhön« am lauschigen Flussufer der Fränkischen Saale in 30 km bis nach Hammelburg. Weitere 233 km kann man ihm über das Hohe Moor zurück zum Main folgen und dabei in fünf

Kurstädtchen Wellness-Stopps einlegen.

In Hammelburg, am südlichen Ende der bayerischen Rhön, startet der 180 km lange »Rhönradweg«, der die Rhön komplett durchquert und über Hessen bis nach Thüringen führt. Dabei gilt das Motto: »Schönheit macht an Landesgrenzen keinen Halt.« Die Route verläuft landschaftlich gleichermaßen reizvoll und in den vielen Flusstälern zumeist flach. Im Mittelgebirge geht es natürlich auch einmal hinauf.

Nicht nur Schafs- und Menschenkinder wissen um den ländlichen Zauber der Rhön.

KARTE ▶ B3

Was: Radfernwege »Rhönradweg« und »Vom Main zur Rhön«
Wo: Streckenverlauf Rhönradweg: 180 km von Süden nach Norden: Hammelburg– Bad Salzungen;

Streckenverlauf »Vom Main an die Rhön« 263 km: Gemünden am Main – Gemünden am Main
Essen & Trinken: Hotels, Pensionen und Restaurants in allen Ortschaften, zahl-

reiche E-Bike-Tankstellen
Web: www.rhoen.de, Informationen: Info-Zentrum Haus der Schwarzen Berge, Rhönstraße 97, 97772 Wildflecken, Tel. 0 97 49/9 12 20

Auf den Spuren der alten Zünfte

Warum heißt Karlstadt Karlstadt und der Obere Torturm eigentlich Katzenturm? Was ist die »Meekuh«? Und warum steht von der Karlsburg nur noch eine Ruine? Eine Stadt von besonderem Reiz eröffnet sich dem Besucher hinter einer der schönsten Ortssilhouetten Frankens. Besonders reizvoll ist es auch, in dem 1200 gegründeten Städtchen bei Kostüm- und Erlebnisführungen mit Persönlichkeiten aus den unterschiedlichsten Epochen auf Spurensuche zu gehen. In historische Kleider gewandt, wissen Zeitgenossen wie die Karlstadter Baderin, Kellermeister oder Schultheiß allerlei Amüsantes und Interessantes aus der guten alten Zeit zu berichten. Tiefer in die Geschichte führt die Zeitreise im Stadtgeschichtlichen Museum. Von der alten Handwerkskunst erzählt im Europäischen Klempner- und Kupferschmiedemuseum eine einmalige Sammlung historischer Maschinen und Geräte. Wer den Spuren der Karolinger folgen möchte, den führt die Via Karloburgo, deren Ursprünge bis ins Jahr 741 zurückreichen, vom Karlstadter Stadtteil Karlburg über einen anspruchsvollen, gut beschilderten 6,5 km langen Rundweg hinauf zur Ruine der Karlsburg. Einmaligen Ausblicke sind der Lohn der Mühen.

Der futuristische Eingang des Europäischen Klempner- und Kupferschmiedemuseums.

KARTE ▶ B3

Was: Karlstadt, Klempnermuseum, Stadtgeschichtliches Museum und Karlsburg
Wo: Karlstadt/Karlsburg
Wann: ganzjährig
Essen & Trinken: Gasthaus »Zum Fehmelbauer«, Hauptstraße 22, 97753 Karlstadt, Tel. 0 93 53/33 20; Beim Batzenärrle, Hauptstraße 6, 97753 Karlstadt, Tel. 0 93 53/30 98, www.batzenaerrle.de, schöner Weinkeller, Mo Ruhetag.
Web: www.karlstadt.de
Sonstiges: Die Karlsburg erreicht man auch von Mühlbach aus.

Himmlische Post

Niemand hat wohl jemals so viel Post bekommen: Deshalb hat das Christkind in Himmelstadt seit 25 Jahren auch einen eigenen Briefkasten.
Zehntausende Kinder schreiben ihm jedes Jahr und warten sehnsüchtig auf die Antwort. Die meisten bekommen sie postwendend, für manche dauert es ein wenig länger: So wie jene alte Dame, die ihren Brief schon 1928 als damals neunjähriges Mädchen abgeschickt hatte. Erst ihre Enkelin fand ihn nach 72 Jahren und leitete ihn an die richtige Adresse: Rosemarie Schotte vom Weihnachtspostamt, das vor 25 Jahren offiziell in Himmelstadt eingerichtet wurde. So bekam die 81-jährige Dame dann endlich einen Brief vom Christkind, und es war für sie wirklich wie Weihnachten – genau wie für Rosemarie Schotte selbst. Seit 1994 leitet sie ehrenamtlich das Weihnachtspostamt, das stets am ersten Adventssonntag eröffnet wird. Mit einer Schar von himmlischen Helfern macht sie sich

Ab geht die Post – allerdinges eher gemütlich im historischen Vierspänner.

daran, den vielen Kindern zu schreiben und die Briefe – dank der Post AG – in alle Welt zu verschicken. Auch irdische Besucher sind in den vier Wochen vor Weihnachten gern gesehene Gäste in der nach altem Vorbild mit musealen Utensilien ausgestatteten Poststelle im ehemaligen Brückenzollhäuschen. Wer es noch authentischer möchte, reist mit der Postkutsche durch das Dörfchen, erkundet den Weihnachtspark, den Weihnachsmarkt in den Mainauen oder wandert über den Philatelistenlehrpfad.

KARTE ▶ B3

Was: Weihnachtspostamt mit himmlischer Schreibstube, historische Poststelle mit philatelistischer Ausstellung
Wo: Himmelstadt
Wann: Eröffnung am 1. Adventssonntag
Essen & Trinken: umfangreiche und vielfältige Gastronomie
Web: www.himmelstadt.de, www.post-ans-christkind.de
Sonstiges: Wer weitere Wünsche hat, schreibt sie am besten bis spätestens 17. Dez. »An das Christkind, 97267 Himmelstadt« – aber nur per Post, versteht sich.

Mit dem Gärtnersohn durch Park und Gemächer

Georg ist ein pfiffiges Kerlchen. Doch der Sohn von Hofgärtner Oth hat immer alle Hände voll zu tun. Per Audioguide führt er die jüngsten Gäste im Veitshöchheimer Schloss durch die Dauerausstellung »Es kommen immer Leit aus Würzburg und Frembde hierher ...« und stellt ihnen wichtige historische Persönlichkeiten vor, die für die Gestaltung des berühmten Rokokoparks, der als einer der schönsten in Europa gilt, von großer Bedeutung waren.

In dem spannenden Hörspiel, das das Veitshöchheimer Schloss für Kinder ab dem Grundschulalter als Audioguide-Führung anbietet, spielen vier liebevoll gestaltete Marionetten die Hauptrollen. Dar- und in den Schaukästen ausgestellt werden vier wichtige Leute, die bei der Gestaltung der Gartenanlage wiederum eine zentrale Rolle spielten: neben Gärtnersohn Georg Oth, dessen Vater, Hofgärtner Johann Anton Oth, Fürstbischof Adam Friedrich und Hofbildhauer Ferdinand Tietz.

Mit ihnen wandern die jungen Besucher durch die Ausstellung und tauchen ins 18. Jh. ein. Aus verschiedenen Perspektiven erläutern die historischen Persönlichkeiten in leicht verständlicher Sprache wichtige Zusammenhänge zur Geschichte und Gestaltung des Gartens.

In dem 1680 bis 1682 erbauten und 1753 nach Plänen von Balthasar Neumann vergrößerten einstigen Sommerschloss der Würzburger Fürstbischöfe empfiehlt sich auch ein Rundgang durch die sehenswerte obere Etage, mit Stuckaturen von Antonio Bossi und den Räumen des Großherzogs Ferdinand von Toskana mit ihren seltenen Papiertapeten.

Die Marionetten begleiten die Kinder auf ihrer Entdeckungsreise durch die Anlage.

KARTE ▶ B4

Was: Schloss und Rokokogarten Veitshöchheim
Wo: Echterstraße 10, 97209 Veitshöchheim, Tel. 09 31/9 15 82
Wann: Schloss April–Okt. 9–18 Uhr, Mo und von Nov. bis März geschlossen, Rokokogarten ganzjährig geöffnet.
Wie viel: Eintritt für Schloss regulär 4,50 €, erm. 3,50 €
Essen & Trinken: Spundloch, Hotel und Weinrestaurant, Kirchstraße 19, 97209 Veitshöchheim, Tel. 09 31/90 08 40, www.spundloch.com, kein Ruhetag
Web: www.schloesser-bayern.de

Den Wald mit allen Sinnen erleben

Wie baut man ein Zelt aus Ästen und Blättern? Welche Geschichten können die Kronen und die Stämme der Bäume erzählen? Fragen, auf die es im Walderlebniszentrum direkt im Gramschatzer Wald bei Rimpar Antworten für Besucher aller Generationen gibt. Kinder und Erwachsene können auf dem Gelände inmitten des 4200 ha großen Gramschatzer Waldes die Natur mit allen Sinnen erleben: Nicht nur durch das neue innovative Lichtkonzept werden das in Holzbauweise erbaute Zentrum und der es umgebende Wald richtig in Szene gesetzt.

Das Thema Wald wird ganzheitlich behandelt: Das vielseitige Bildungs- und Erlebnisangebot reicht von märchenhaften Waldbegegnungen zur Förderung der Fantasie über Themenführungen zu Waldfunktionen, Umwelt- und Naturschutz sowie Jagd- und Forstwirtschaft bis hin zu fächerübergreifenden Projekten und dem kreativen Gestalten mit Waldmaterialien. In der Waldwerkstatt zeigt ein Schreiner, wie verschiedenen Hölzer behandelt und verarbeitet werden. Sei es Lebensraum, Bewirtschaftung oder Holzprodukte – für alle Themen stehen Ansprechpartner zur Verfügung. Die Besucher erfahren mehr über Holz und andere nachwachsende Rohstoffe. Natur- und waldpädagogische Veranstaltungen werden angeboten sowie ein Walderlebnisprogramm mit Survival-Training, Rallye und Schatzsuche unter Anleitung geschulter Fachkräfte.

Einleuchtend: Die Ausstellung punktet mit einem modernem Lichtkonzept.

KARTE ▶ C4

Was: Walderlebniszentrum Gramschatzer Wald
Wo: 97222 Rimpar
Wann: ganzjährig, Mo–Fr 8.30–16.30, So 13–16.30 Uhr, Sa geschl.
Wie viel: Der Eintritt zum Ausstellungsraum des Walderlebniszentrums Gramschatzer Wald ist frei. Führungen: Erw. 2 €, Kinder 1 €, Familien 4 €
Essen & Trinken: Biergarten Waldhaus Einsiedel im Gramschatzer Wald, Tel. 01 71/7 35 55 68, www.waldhaus-einsiedel.de
Web: www.gramschatzer-wald.de/walderlebnis zentrum.html

Sichern ist Pflicht: Wer hoch hinauswill, sollte dennoch möglichst schwindelfrei sein.

Nervenkitzel in luftigen Höhen

Naturerlebnis pur in luftiger Höhe bietet der Kletterwald Einsiedel bei Rimpar: In 3–20 m Höhe können sich Mutige wie auch Einsteiger unter Anleitung oder alleine ihren Weg durch die Wipfel bahnen, von Baum zu Baum schwingen, klettern und dabei – je nach Können und Vorliebe – an verschiedenen Stationen eine Vielzahl von Hindernissen überwinden. Je nach Wahl der Route gibt es mehr oder weniger Nervenkitzel.

Der Kletterwald bietet acht verschiedene Parcours unterschiedlicher Schwierigkeitsgrade an. Nach einer ausführlichen Einweisung mit Einhaken, Probeschwingen und wieder Ausklinken geht es hinein ins Vergnügen und hinauf in luftige Höhen.

Die kleinen Gäste ab vier Jahren starten mit dem Zwergenparcours in 1,20 m Höhe. Ab 14 Jahren darf man Nervenkitzel in 9–12 m Höhe suchen, und alle ab 16 Jahren dürfen sich zum Superkick in 12–15 m Höhe wagen. Wer noch höher hinauswill, darf das mit dem Parcours »Megahigh« ab 18 Jahren bis auf 20 m. Bei Fragen steht jederzeit ein geschultes Team parat.

KARTE ► C4

Was: Kletterwald Einsiedel
Wo: Einsiedel bei Rimpar, Gramschatzer Wald
Wann: Mitte März–Ende Okt., Fr 13–20, Sa, So und feiertags 10–20 Uhr, in den Ferien (Juni–Sept.) tgl.

10–20 Uhr, ab 10 Pers. nach Voranmeldung auch in der restl. Zeit
Wie viel: Zwergenparcours 6 €, Kinder bis zehn Jahre 10 €, erm. 14 €, Erw. 17 €, Familien (zwei Erw., ein

Kind) 39 € (je weiteres Kind 8 €); Familie 1+2 (ein Erw. und zwei Kinder) 34 €
Essen & Trinken: Biergarten Waldhaus (s. Tipp 21)
Web: www.kletter waelder.de

Willkommene Abkühlung am Wern-Radweg

Das Städtchen Arnstein liegt zwischen Karlstadt und Schweinfurt und lässt sich für aktive Genießer und Familien besonders gut auf dem Wern-Radweg erreichen. Der führt in 78 km von der Quelle der Wern nördlich von Poppenhausen zu ihrer Mündung in den Main bei Gemünden-Wernfeld – zumeist flach, autofrei und am Flusslauf entlang. In Wernfeld oder in Bergrheinfeld kann man vom Main-Radweg auf ihn wechseln. Als Ziel eignet sich der Badesee in Arnstein an der Sondheimer Au, in unmittelbarer Nähe der Wern und des Radwegs. Nur 20 m sind es vom Fahrradsattel bis ins kühle Nass. Der mittlerweile Alt-Bürgermeister Roland Metz gewidmete und 1997 angelegte Badesee ist kostenfrei zugänglich und beliebt bei Jung und Alt. Auf verschiedenen Liegewiesen und dem Wasserfloß kann man sich bestens entspannen. Kinder dürfen sich auf dem Naturspielplatz nach Herzenslust austoben. Auch die Sonnenuntergänge sind in Arnstein gratis – am schönsten vom Biergarten auf der Seeterrasse aus, in geselliger Runde.

Von der Radlpiste gehts geradewegs ins kühle Nass des Naturbadesees.

KARTE ▶ C3

Was: Badesee, Naturspielplatz
Wo: Arnstein, Tel. 0 93 63/ 80 10
Wie viel: Eintritt frei, ganzjährig zugänglich
Essen & Trinken: Biergarten Seeterrasse, Am Alten Schwimmbad, 97450 Arnstein, Tel. 0 93 63/ 99 46 61, in der Badesaison tgl. ab 10 Uhr
Web: www.arnstein.de
Sonstiges: kostenloser Wohnmobilstellplatz am Badesee, Duschen, Umkleiden und Toiletten an der Seeterrasse. Infos zum Wern-Radweg unter www.wernradweg.de

Beeindruckende Moorwanderung

Im Dreiländereck Bayern, Thüringen und Hessen, auf knapp 800 m Höhe und 6 km von Fladungen entfernt, liegt das mit rund 70 ha größte Hochmoor im UNESCO-Biosphären-reservat Rhön: das Schwarze Moor. Es entstand vor gut 12 000 Jahren nach der letzten Eiszeit und steht seit 1939 unter Naturschutz. Heute laden ein 17 m hoher Aussichtsturm, auf dem eine ganze Schulklasse Platz hat, und ein 2,2 km langer Bohlenweg mit Moorlehrpfad (auch für Rollstuhlfahrer geeignet!) dazu ein, die uralte Naturlandschaft nicht nur zu bestaunen, sondern besser kennenzulernen. Auf 23 Informationstafeln wird auf die Entstehung des Moors, den Torfabbau und die vielen seltenen Tier- und Pflanzenarten eingegangen, die hier ihren Lebensraum gefunden haben: darunter das Birkhuhn, der rundblättrige Sonnentau und das Scheiden-Wollgras. Kinder können an den zwölf Stationen eines zusammen mit der ZDF-Sendung Löwenzahn angelegten »Löwenzahnpfads« eigene Entdeckungen machen und sogar in ein Torfbecken steigen. Das »Haus zum Schwarzen Moor« am Eingang bietet nicht nur sehr gute Thüringer Bratwürste, sondern auch reichlich Infor-

Seltene Pflanzen wie die Echte Sumpfwurz können im Moor bewundert werden.

mationen über die Hochrhön, all ihre Moore und ein ehemaliges Lager des Reichsarbeitsdiensts, an das auf dem Gelände noch ein steinerner Torbogen erinnert. Ca. 300 Zwangs- und Fremdarbeiter mussten hier zwischen 1935 und 1945 unfreiwillig in der Landwirtschaft ihre Arbeitskraft zur Verfügung stellen, mit dem erfolglos gebliebenen Ziel, die raue Hochrhön fruchtbar zu machen.

KARTE ▶ C1

Was: Schwarzes Moor, Hohe Rhön
Wo: Informationszentrum Haus zum Schwarzen Moor, Schwarzes Moor 1, 97650 Fladungen, Tel. 0 97 78/74 85 16

Wann: April–Okt. Mi–Mo 10–17, Nov.–März 10–16 Uhr, Führungen im Sommer, Sa 10 Uhr, Treffpunkt: steinerner Torbogen, 3 €, Kinder 2 €
Essen & Trinken: Haus

zum Schwarzen Moor, Thüringer Bratwürste; Landgut Hotel & Berggasthof Sennhütte, Sennhütte 1, 97650 Fladungen, Tel. 0 97 78/9 10 10, www.sennhuette-rhoen.de

Zahlreiche Natur- und Kunstschönheiten am Ufer defilieren am Bootsreisenden vorbei.

Auf dem Wasser durchs Weinland

Frankens Lebensader pulsiert: In kleinen und großen Mäandern schlängelt sich der Main gemächlich durch die malerische Landschaft. Als »Moine« bezeichneten ihn die Kimbern, was so viel bedeutet wie »gekrümmte Schlange«, und so windet sich der Fluss auch durch Täler und um sanfte Hügel. Eine Reise auf dem Wasserweg durch das Fränkische Weinland ist eine besonders reizvolle Art, die weinumrankte Region zu entdecken und den Blick entspannt schweifen zu lassen. Stündlich gehen in Würzburg am Alten Kranen und in vielen Winzerorten Schiffe vor Anker und laden zu kleinen oder größeren Kreuzfahrten ein. Der Passagier hat die Qual der Wahl zwischen Stunden-, Tages- und Mehrtagesausflügen. Abenteurer gehen auf Piratenfahrt, Romantiker bevorzugen die Reise in den Sonnenuntergang – abendliche Schleusung inklusive (hoffentlich mit Blick in einen sternenklaren Himmel und auf das hell erleuchtete Würzburg).

KARTE ▶ B4

Was: Schifffahrten auf dem Main
Wo: von Würzburg, Volkach, Veitshöchheim, Miltenberg, Wertheim, Kitzingen, Karlstadt, Lohr, Marktheidenfeld, Schweinfurt, Klingenberg, Obernburg, Retzbach, Gemünden, Aschaffenburg, Hanau, Frankfurt, Bürgstadt, Obernburg und vielen weiteren Städten aus
Wann: je nach Anbieter
ganzjährig
Wie viel: je nach Länge des Ausflugs
Web: www.reederei-henneberger.de, www.mainschifffahrt.info, www.vpsherbert.de

Mit dem Bocksbeutel unterwegs

Er ist wohl die bekannteste Flasche aus Franken: der Bocksbeutel. Seit mindestens 250 Jahren dient die rundlich-bauchig abgeplattete Weinflasche als typisches Behältnis für den edlen Frankenwein.

In sich hat es auch die Fränkische Bocksbeutelstraße, die dazu einlädt, auf fünf Routen Mainfranken und das Weinland zu »erfahren«. Ausgangspunkt der Genussreise ist jeweils die Residenzstadt Würzburg, erläutert Otto F. Lohmayer, einer der »Väter« der Weinstraße.

Nach Westen geht es bis nach Aschaffenburg entlang dem verschlungenen Lauf des Mains und dem südlichen Rand des Spessarts und durch die Heimat der leckeren fränkischen Rotweine. Nach Norden erstreckt sich die Fränkische Bocksbeutelstraße bis nach Hammelburg. Nordöstlich darf die Mainschleife bei Volkach nicht fehlen, und im Osten weist Kitzingen den Weg zu edlen Reben, Kultur, Romantik – mittelalterliches Flair inklusive. Im Süden geht es durch das Taubertal bis nach Tauberettersheim. »Die Streckenabschnitte sind so gewählt,

dass sie bequem in einem Tagesausflug machbar sind«, sagt Lohmayer. Zu entdecken gibt es entlang der Bocksbeutelstraße einzigartige Landschaften und kulturelle Reichtümer, Weinlokale, Winzerhöfe und fränkische Gastlichkeit. Freilich kann sie nur die »Einstiegsdroge« für weitere Entdeckertouren im Fränkischen Weinland sein.

Seit jeher beliebt bei den Freunden des Frankenweins: der Bocksbeutel.

KARTE ▶ B4

Auf ungewöhnlichen Pfaden zum Marienberg

Imposant und von weitem sichtbar thront die Festung Marienberg hoch über Würzburg. Zwar lässt sie sich leicht und bequem mit dem Auto erreichen, doch ein Aufstieg zu Fuß ist viel reizvoller: entweder über die Weinberge (von der Kirche Sankt Burkard) oder von der Alten Mainbrücke aus über das Neutor und das Schönborntor (bereits innerhalb der Burganlage).

Noch heute lässt sich gut der allmähliche Ausbau der Festung nachvollziehen. Von 1253 bis 1719 dien-

KARTE ▶ B4

Was: Spaziergang zur und auf der Festung Marienberg mit Maschikuliturm und unterirdischen Gängen
Wo: Festung Marienberg, Würzburg
Wann: Burgführungen

(ohne Maschikuliturm und Fürstenbaumuseum):
16. März–Okt. Sa, So und feiertags 10, 11, 13, 14, 15, 16 Uhr; Di–Fr 11, 14, 15 und 16 Uhr sowie auf Anfrage; Fürstenbaumuseum:

16. März–Okt. 9–18 Uhr, Mo geschl., Nov.–15. März geschl.;
Mainfränkisches Museum: April–Okt. Di–So 10–17, Nov.–März Di–So 10–16 Uhr;

Die Brückenheiligen mischen sich unter die gutgelaunte Besucherschar.

runde und viergeschossige Bauwerk in den Jahren 1724 bis 1729. Seinen Namen verdankt der Maschikuliturm den 21 senkrecht nach unten gerichteten Schussöffnungen (Maschikulis) auf der oberen Plattform des Bauwerks. Vom Maschikuliturm aus erreicht man die Schwedenschanze der Festung durch einen eindrucksvollen, 200 m langen unterirdischen Gang, von dem immer wieder kleine Wege abzweigen.

In der Schwedenschanze gelangt man in zwei hohe gewölbte Räume, in denen sich jeweils ein tiefer Zisternenschacht im Boden befindet. Vom ersten Raum führt ein kleiner gewölbter Gang zum Ausgang der Kasematte hinter dem Neuen Zeughaus. Wer weiteren Einblick in das einstige Leben auf der Festung gewinnen möchte, besucht am besten das Fürstenbaumuseum im Ostflügel. Das barocke Zeughaus der Festung selbst beherbergt das Mainfränkische Museum mit der größten Riemenschneider-Sammlung der Welt (siehe kultureller Streifzug durch Würzburg).

te sie als Sitz der Würzburger Fürstbischöfe. Ein besonderes Erlebnis ist die Erkundung des Maschikuliturms und der Kasematte. Fürstbischof Christoph Franz von Hutten beauftragte Residenzbaumeister Balthasar Neumann mit dem Bau eines Geschützturms zur Sicherung der Südflanke der Festung. Neumann errichtete das gewaltige

Maschikuliturm: geöffnet am Ostersonntag, Ostermontag, Pfingstsonntag, Pfingstmontag, 1. Mai, 15. Aug., 3. Okt.
Essen & Trinken: Burggaststätte sowie Schänke »Zur Alten Wache«, www.burggaststaetten.de
Web: www.schloesser.bayern.de

Paradies für Kinder mitten in der Stadt

Kinder haben Lust auf Abenteuer. Naturerfahrungen beflügeln ihre Fantasie und stärken Persönlichkeit und Selbstbewusstsein. Doch oft ist es für den Nachwuchs gar nicht so einfach, in der Stadt draußen Platz zum Spielen zu finden.

Erfindungen machen, aus Naturmaterialien und Brettern Hütten bauen, Gänse, Hühner, Ziegen und Esel streicheln, Kuh und Pferd pflegen oder einfach die Gedanken im Land der Träume schweifen lassen: Nach Herzenslust ausleben können sich Mädchen und Jungen auf der Kinder- und Jugendfarm Würzburg. Der pädagogisch betreute Aktivspielplatz bietet mitten in der Stadt Raum und Anregung für verschiedenste Abenteuer und Sinneserfahrungen mit Natur und Tieren. Das ist auch die Zielsetzung des Vereins Kinder- und Jugendfarm und seiner Kooperationspartner (Stadt Würzburg und Sozialdienst katholischer Frauen Würzburg e.V.).

Auf dem wunderbar eingegrünten Areal sammeln die jungen Besucher, angeleitet von pädagogischen Fachkräften, im Garten elementare Erfahrungen im Umgang mit den vier Elementen. In der Gemeinschaft mit Gleichaltrigen können sie filzen, basteln, töpfern oder Pizza backen. Sie dürfen sich eigenverantwortlich um die vierbeinigen Bewohner der Farm kümmern, Spaß mit Freunden haben, auf der langen Rutsche ins Glück gleiten oder einfach mal mitten in der Natur vor sich hin träumen. Ein paradiesisches Plätzchen für kleine Entdecker und große Abenteurer.

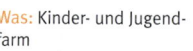
Mama schimpft nicht: Kinder können sich hier mal so richtig im Matsch austoben.

KARTE ▶ B4

Was: Kinder- und Jugendfarm

Wo: Kinder- und Jugendfarm Würzburg e.V., Leistengrund/Leistenstraße, 97082 Würzburg, Tel. 09 31/7 63 99; bequem mit Bus Nr. 17 erreichbar

Wann: während der Schulzeit Di–Fr 14–18, Sa 10–15 Uhr, während der Ferien Mo–Fr 10–16 Uhr

Wie viel: pro Familie 1,50 €, Familienjahreskarte 30 €

Essen & Trinken: Auf dem Gelände dürfen Kinder alles ausprobieren, was essbar ist: vom Obst bis zu den Garten- und Wildkräutern.

Web: www.kinder-und-jugendfarm.de

Barocke Gartenkunst der Würzburger Residenz, aus luftiger Höhe betrachtet.

Wie ein Vogel über Mainfranken

Die Türen schließen, der Pilot geht seine Checkliste durch, prüft die Instrumente im Cockpit und startet den Motor. Der Flieger rollt über die Startbahn, immer schneller, hebt ab und steigt immer höher, um dann mit wunderbarer Leichtigkeit wie ein Vogel durch die Lüfte zu gleiten. Man möchte mit einstimmen in Reinhard Meys Song: »Über den Wolken muss die Freiheit wohl grenzenlos sein, alle Ängste, alle Sorgen, sagt man, blieben darunter verborgen, und dann würde, was uns groß und wichtig erscheint, plötzlich nichtig und klein ...« Klein wie auf einer Modelleisenbahn erscheinen Menschen, Gebäude und Landschaft aus 3000 Fuß (1000 m) Höhe. Flüsse mäandern sanft durch Täler und Höhen. Die Abendsonne taucht die Welt unten in ein warmes Licht. Ein erhabenes Gefühl grenzenloser Freiheit durchflutet den Passagier – zu erleben auf einem Gastflug beim Flugsport-Club Würzburg vom Flugplatz Schenkenturm aus. Aber bitte Kamera nicht vergessen!

Ob mit Motormaschine, Motorsegler oder lieber im Segelflugzeug, bleibt den Vorlieben des Einzelnen überlassen. In einer halben Stunde bringen erfahrene Piloten ihren Passagieren die Mainschleife aus der Vogelperspektive näher, in einer Stunde gelangt man bis in die Rhön mit Blick auf Kreuzberg und Wasserkuppe. Wer Gefallen daran findet, kann die hohe Kunst des Fliegens im Verein auch selbst erlernen.

KARTE ▶ B4

Was: Motor- und Segelfliegen
Wo: Flugsport-Club Würzburg e. V., Flugplatz Schenkenturm, 97080 Würzburg; Flugplatz am Schenkenturm für die Sparten Motor- und Segelflug, Anmeldung unter 09 31/9 70 16 60
Wann: Motorflugzeuge ganzjährig, Segelflugzeuge nur April–Sept., jeweils entsprechendes Flugwetter vorausgesetzt
Wie viel: Motorflug (drei Pers.) ab 70 € (15 Min.); Motorsegler (eine Pers.) ab 40 € (15 Min.), Segelflug (eine Pers.) 35 € (20 Min.)
Web: www.fscw.de, info@fscw.de

Madonnen, Mozart, Mosambik

Glanz und Gloria des Barock, Mittelalter und Madonnen, kulturelle Vielfalt von Mozart bis Mosambik: Schöngeister und Kulturliebhaber finden in Würzburg eine Fülle inspirierender Möglichkeiten. Die Mainstadt ist gesegnet mit kunsthistorischen Schätzen und prunkvollen Prachtbauten. Sie trägt die Handschrift berühmter Baumeister wie Balthasar Neumann (1687–1753). Für spätmittelalterliche Sakralkunst steht Tilman Riemenschneider (um 1460–1531), wobei das Mainfränkische Museum auf der Festung Marienberg wohl die umfangreichste Sammlung seiner Werke weltweit beherbergt.

Den Sehenswürdigkeiten aus alter Zeit steht die moderne Kunst gegenüber: Das Museum im Kulturspeicher ist ein lebendiges Zentrum für die Kunst des 19. bis 21. Jh. Neben Wechselausstellungen präsentiert es die städtische Sammlung mit den Schwerpunkten Biedermeier, deutscher Impressionismus, Expressionismus, Neue Sachlichkeit und zeitgenössische Kunst. Breiter Raum ist ferner der modernen Kunst der Sammlung »Peter C. Ruppert – Konkrete Kunst in Europa nach 1945« gewidmet. Barocke

Kunst in einzigartigem Ambiente bietet zudem das Martin von Wagner Museum.

Gleich hinter dem Kulturspeicher im Alten Hafen ist das Kunstschiff Arte Noah, die »schwimmende Galerie« des Kunstvereins Würzburg, vor Anker gegangen. Abgerundet wird der kulturelle Cocktail in Würzburg durch ein abwechslungsreiches Kulturleben mit an- und aufregenden Veranstaltungen, die neue und

KARTE ▶ B4

Was: kultureller Streifzug durch Würzburg
Wo: Museum im Kulturspeicher, Oskar-Laredo-Platz 1, 97080 Würzburg; Mainfränkisches Museum auf der Festung Marien-

berg, Oberer Burgweg, 97082 Würzburg; Martin von Wagner Museum im Südflügel der Residenz, 97070 Würzburg; Tel. 09 31/3 18 22 88
Wann: Museum im Kultur-

speicher: Di 13–18, Mi 11–18, Do 11–19, Fr–So 11–18 Uhr; Mainfränk. Museum: April–Okt. 10–17, Nov.–März 10–16 Uhr, Mo geschl.; Martin von Wagner Museum: Antiken-

interessante Begegnungen ermöglichen. Vom Klassikkonzert bis zur Kleinkunst bietet Würzburg alles, was den Geist erfreut: Dem Filmwochenende im Januar folgt im März das Flamenco Festival. Und werden vor stilechter Kulisse im Mai Barockfeste in der Residenz gefeiert, so interpretieren im Juni beim Mozartfest renommierte Solisten und Orchester Werke von Mozart im berühmten Kaisersaal und an anderen interessanten Spielorten. Einen exotischen Höhepunkt im Veranstaltungskalender setzt im Spätfrühling eines jeden Jahres das Africa Festival – das größte Fest für afrikanische Musik und Kultur in Europa mit Künstlern, Kunsthandwerk und Musik des Schwarzen Kontinents. Dann wären da noch der Hafensommer Anfang August und die Zaubertage im Oktober. Und noch vieles mehr …

Auf dem Africa Festival stehen jedes Jahr wieder heiße Rhythmen auf dem Programm.

sammlung Di–Sa 13.30–17, So (14-tägig) 10–13.30 Uhr; Gemäldegalerie Di–Sa 13.30, So (14-tägig) 10–13.30 Uhr; grafische Sammlung Di und Do 16–18 Uhr

Essen & Trinken: direkt am Kulturspeicher/Kunstschiff: LUMEN Restaurant, Veitshöchheimer Straße 5, 97080 Würzburg, Mo 12–14, Di–Fr ab 11.30, Sa und So ab 11 Uhr, Tel. 09

31/4 60 09 44
Web: www.kulturspeicher.de, www.main fraenkisches-museum.de, www.museum.uni-wuerzburg.de

Der Kaisersaal strahlt nach seiner Wiedereröffnung 2009 wieder in vollem Glanz.

Barocke Pracht und Weltkulturerbe

Mit Superlativen muss man nicht geizen, wenn es um Würzburgs fürstbischöfliche Residenz geht, die ein prachtvolles Denkmal absolutistischer Macht und seit 1981 UNESCO-Weltkulturerbe ist. Als »Schloss über allen Schlössern« schuf sie einst der wohl bekannteste und größte Baumeister des Barock, Balthasar Neumann. Heute gilt der von 1720 bis 1744 entstandene Bau als Hauptwerk des süd-deutschen Barock und eines der bedeutendsten Schlösser Europas. Der Venezianer Giovanni Battista Tiepolo krönte das Treppenhaus mit seinen Malereien (von 1752–1753) auf freitragendem Gewölbe zu einem der schönsten der Welt.

Wer von der Empfangshalle aus die breiten Stufen emporschreitet, dem tut sich auf dem ersten Absatz die ganze Dimension des riesigen Deckenfreskos auf. Der Blick in den

---

KARTE ▶ B4

Was: Fürstbischöfliche Residenz mit Hofkirche und Hofgarten
Wo: Würzburg
Wann: Residenz: April–Okt. 9–18, Nov.–März 10–16.30 Uhr; südl. Prunk-zimmer (Spiegelkabinett) nur im Rahmen einer Führung zugänglich; Hofgarten: tgl. bis Einbruch der Dunkelheit, max. bis 20 Uhr; Hofkirche wegen Restau-rierungsarbeiten voraussichtlich wieder ab Mitte 2012
Essen & Trinken: Residenz-gaststätten, Residenzplatz 1, 97070 Würzburg, Tel. 09 31/8 80 88 70,

rund 670 qm großen Tiepolo-Himmel ist atemberaubend. Beäugt von Baumeister, Künstlern und der allegorischen Darstellung der damals vier bekannten Kontinente, führt der Weg die Besucher weiter nach oben zum Höhepunkt des Gemäldes: Europa mit dem Würzburger Hof als Hort der Kunst, wo selbst antike Gottheiten dem Fürstbischof Carl Philipp von Greiffenclau huldigen.

Rund ein Vierteljahrhundert dauerte der Rohbau der Residenz, der Innenausbau der rund 400 Zimmer war erst 1780 vollendet. An ein Wunder grenzt es, dass das Treppenhaus beim Bombenangriff im März 1945 unversehrt blieb – im Gegensatz zur Mehrzahl der anderen Prunkzimmer. In den vergangenen Jahrzehnten wurden über 40 wiederhergestellt, so wie das glanzvolle Spiegelkabinett, von dessen üppiger Verzierung der Besucher schier geblendet wird. Die Geschichte der Stadt spiegeln die Tiepolo-Gemälde im majestätischen Kaisersaal wider, der mit seinen herrlichen Ornamenten zu den schönsten Prunksälen des Rokoko zählt. Nicht weniger beeindruckend sind der Stuck von Antonio Bossi im Weißen Saal sowie die weiteren Paradezimmer. Auch ein Blick auf das Bett, in dem Napoleon bei seinem Besuch in Würzburg 1809 mit seiner Gemahlin Marie Louise nächtigte, ist erlaubt.

Hinter der Fassade der Residenz versteckt, findet sich im Südflügel ein sakraler Prachtbau: Die Hofkirche der Residenz dürfte wohl eine der schönsten Kirchen des 18. Jh. sein. Kunst- und Naturgenuss bietet ein Spaziergang durch den Hofgarten.

Bei den Barockfesten zeigen sich die Damen zu Hofe in den feinsten Roben.

www.residenz-gaststaetten.de; Weinhaus Zum Stachel, Gressengasse 1, 97070 Würzburg, Tel. 09 31/5 27 70, www.weinhaus-stachel.de, So. u. Mo Ruhetag

Web: www.schloesser.bayern.de

53

Genussradeln durch Würzburg und das Weinland

Lieber sportlich mit dem Mountainbike, gemütlich mit dem Tourenrad oder ganz bequem mit dem Elektrofahrrad? Wie auch immer: Der gute alte Drahtesel ist das ideale Transportmittel, um die lieblichen Lande um den Main zwischen Schweinfurt und Aschaffenburg zu erkunden. Nicht von ungefähr zählt der vom ADFC mit fünf Sternen ausgezeichnete Main-Radweg zu den schönsten und beliebtesten Fernradwegen Deutschlands.

Den Main auf den gut beschilderten, meist in Ufernähe gelegenen Strecken entlangzuradeln ist ein Genuss für Leib und Seele: Gleich Perlen auf einer Schnur reihen sich Bilderbuchdörfchen und -städte eng aneinander und lohnen für einen kleinen Zwischenstopp.

Auch Würzburg lässt sich bei einer City-Rundtour mit dem Drahtesel erkunden. Wer lieber per pedes unterwegs ist, kann sein Gefährt auf einem bewachten Fahrradparkplatz an der Schleuse bei der alten Mainbrücke abstellen. Wer keines dabei hat, mietet sich bei den Fahrradverleih-Anbietern eines.

Mit der Henneburg als Kulisse schmeckt Radlern das Picknick gleich noch viel besser.

KARTE ▶ B4

Was: Main-Radweg
Wo: Teilstrecke von Schweinfurt bis nach Aschaffenburg
Wann: Frühling bis Herbst
Essen & Trinken: Alte Mainmühle, Mainkai 1, 97070 Würzburg, Tel. 09 31/1 67 77, www.alte-mainmuehle.de
Web: www.mainradweg.de, www.wuerzburg.de, www.frankentourismus.de, www.movelo.de
Sonstiges: Der Main-Radweg ist gut beschildert; Serviceheft mit Übersichtskarte und Infos zu Unterkünften, Werkstätten und Verleihstationen erhältlich.

Geschichte auf der Spur

Das Jüdische Museum Shalom Europa ist einmalig in seiner Zielsetzung und in seinem Angebot. Vor allem: Es ist ein Teil der jüdischen Gemeindearbeit vor Ort. In seinen Räumen versucht die Jüdische Gemeinde in Würzburg den Besuchern ihre Kultur näherzubringen. Dabei geht es um eine verständliche und moderne Visualisierung der maßgebenden Grundlagen jüdischer Existenz (schriftliche und mündliche Tora, Halacha, Gebetbücher) ebenso wie um die Stufen jüdischen Lebens, des Kalenders und der Feste, aber auch um die Strukturen der Gemeindeleitung und um die Speisegesetze der Kaschrut. Und selbstverständlich findet die Geschichte der Religion der sich seit 1100 in der christlich dominierten Umwelt Würzburgs bewegenden Judengemeinde ihre Darstellung: ihre europäische Geltung im 12. und 13. Jh. als begehrtes Zentrum des Talmud-Tora und dann wieder an der Wende vom 19. zum 20. Jh. unter dem Rabbiner Seligmann Bär Bamberger, ihr Wiedererstehen nach 1945 und ihre Neuorientierung im Sinne einer weltoffenen Orthodoxie nach dem Zustrom von 1100 russischen Juden seit dem Ende der 1980er-Jahre.

Fundament Geschichte: Auf Zeugen der Vergangenheit wird die Zukunft erbaut.

In einem Depot, auf dem bewusst das gesamte neue jüdische Gemeindezentrum ruht, werden zudem die über 1400 jüdischen Grabsteine aus der Zeit zwischen 1147 und 1346 ausgestellt, die die ältesten Zeugnisse für die Anwesenheit von Juden in Würzburg darstellen und die größte Hinterlassenschaft aus einem mittelalterlichen Judenfriedhof repräsentieren – weltweit. Als Ort der Sammlung jüdischer Kultur, Forschung, Beratung und Vermittlung versteht sich das Johanna-Stahl-Zentrum, das sich ebenfalls in der Valentin-Becker-Straße 11 befindet.

KARTE ▶ B4

Was: jüd. Kultur und Geschichte einst und jetzt im Museum Shalom Europa
Wo: Museum im jüd. Gemeindezentrum Shalom Europa, Valentin-Becker-Straße 11, 97072 Würz-

burg, Tel. 09 31/4 04 14 41
Wann: Mo–Do 10–16, So 11–16 Uhr
Wie viel: 3 €, Studenten/ Rentner 2 €, Schüler und Auszubildende bis 18 Jahre 1 €, Kinder bis 10 Jahre frei

Essen & Trinken: Hotel Rebstock, Altstadt, Neubaustraße 7, 97070 Würzburg, Tel. 09 31/3 09 30, www.rebstock.com
Web: www.museum shalomeuropa.de

Würzburg mit anderen Augen sehen

Würzburg hat viele Gesichter. Wer die Stadt mal mit anderen Augen sehen möchte, sollte sich getrost doch mal der Marktbärbl, Trümmerfrau, Fürstbischof oder dem Nachtwächter anschließen.

Was der berühmte Bildhauer Riemenschneider in Würzburg geschaffen hat, erzählt dieser leibhaftig an den Originalschauplätzen. Bekannte Persönlichkeiten aus dem Barock in höfischer Pracht plaudern an anderer Stelle über das ausschweifende Leben und so manche Galanterie am bischöflichen Hofe.

Trümmerfrau Babette, in deren Rolle regelmäßig Historikerin und Schauspielerin Angela Sey schlüpft, schlägt ein dunkles Kapitel der neueren Geschichte Würzburgs auf: Am 16. März 1945 legten alliierte Bomber Würzburg in Schutt und Asche. Der Wiederaufbau zog sich über Jahrzehnte. Wie niemand anderer verkörperten die Trümmerfrauen »Würzburgs Willen zum Leben«.

Gewitzt, frech und doch charmant ist die Marktbärbl, und sie weiß auf dem Marktplatz viel zu erzählen – natürlich auch über die Politik, die »Großköpf« und die Leut'. Nicht weniger lustig geht es zu beim fränkischen Straßenkabarett mit Schorsch, Marktbärbl und dem Häcker Karl, die ihr Publikum mit Humor und fränkischen Spezialitäten wie »pforztrockne Bratwürst«, und einem Schoppen bei Laune halten. Durch die dunklen Gassen des heutigen Würzburg führt regelmäßig ein ganz anderer Herr: In historischem Gewand erzählt der Nachtwächter auf Fränkisch Anekdoten aus der reichen historischen Vergangenheit.

Wer dem Nachtwächter lauscht, erfährt viel Interessantes über Würzburg.

KARTE ▶ B4

Was: Stadtführungen
Wo: Spaß & Spiel, Würzburger Event & Service Partner, Werner-von-Siemens-Str. 53, 97076 Würzburg, Tel. 09 31/5 94 64; Würzburger Nachtwächter GmbH, Winterleitenweg 32, 97082 Würzburg, Tel. 09 31/40 93 56 **Essen & Trinken:** Weinstube Maulaffenbäck, Maulhardgasse 9, 97070 Würzburg, Tel. 09 31/5 23 51, So und feiertags geschl. **Web:** www.wuerzburger-erlebnistour.de, www.spassundspiel.de, www.wuerzburger-nachtwaechter.de

Gemeinsam sind wir stark: Ein wenig Mut braucht man bei einer Ballonfahrt schon.

Hoch hinaus mit dem Heißluftballon

Zum Sonnenaufgang in die Lüfte, sanft dahingleiten und Mainfranken einmal von oben betrachten! Die Alltagssorgen bleiben am Boden, und sogar die Höhenangst hat im Heißluftballon keine Chance, weil die Bodenhaftung und damit der Bezugspunkt fehlt. Auch windig ist es nicht, da der Ballon so schnell wie der Wind in 100 bis 1000 m Höhe dahingleitet. Die Fahrt dauert in der Regel 1,5 Stunden; genauso interessant ist davor das gemeinsame Aufbauen des Ballons, bei dem man Einblicke in die technischen Vorgänge erhält, und, für Luftfahrtneulinge, die Ballonfahrertaufe mit Sekt und Urkunde hinterher.

Denn nachdem 1783 bereits ein Hahn, eine Ente und ein Schaf den »bemannten« Aufstieg eines Heißluftballons bei Versailles überlebt hatten – sie sind die eigentlichen Pioniere der Ballonfahrt, hineingesetzt wurden sie natürlich von den Forscherbrüdern Montgolfier –, waren es schließlich zwei französische Adlige, die sich in einem Ballon erstmals in die Lüfte wagten. Danach gab der französische König Ludwig XVI. einen Erlass heraus, gemäß dem nur Adlige das luftige Fahrvergnügen betreiben durften. In dieser Tradition werden bis heute in Würzburg die Ballonfahrer in den Adelsstand erhoben!

KARTE ▶ B4

Was: Ballonfahrt
Wo: Ballonteam Würzburg, Mittlerer Wiesenweg 8, 97080 Würzburg, Tel. 09 31/9 47 11, Mobil 01 70/2 73 99 95
Wann: witterungsbedingt,

nach Absprache
Wie viel: 180 €, Kinder bis 14 Jahre in Begleitung eines Erwachsenen 100 €
Web: www.ballonteam-wuerzburg.de
Sonstiges: Ballonstarts am

Flugplatz Schenkenturm in Würzburg, ab 4 Pers. auch individuell festlegbar; benötigt wird eine Freifläche außerhalb geschlossener Ortschaften von 50 x 50 m zum Aufbau des Ballons.

Ein edler Tropfen auf dem Stein

Schon Johann Wolfgang von Goethe schätzte ihn: »Kein anderer Wein will mir schmecken, und ich bin verdrießlich, wenn mir mein Lieblingsgetränk abgeht«, soll der berühmte Dichter in einem Brief an seine Frau Christiane geschrieben haben und orderte jedes Jahr vom Würzburger Steinwein.

Der Würzburger Stein ist ein »Terroir in Vollendung«, schwärmt Martina Reiss, eine der Führerinnen, die weininteressierte Gäste durch den 4,5 km langen Stein-Wein-Pfad geleiten. Pflanzte 1665 der Ebracher Abt Alberich Degen erstmals in dieser Weinlage die Silvaner-Rebe an, die 1659 vom Haus Castell mit nach Franken gebracht worden war, so ist heute der Riesling die Königsrebsorte am Stein, erläutert Martina Reiss.

Die berühmte Weinlage erstreckt sich im steilen, sonnenverwöhnten Südhang muschelförmig nördlich von Würzburg auf den für das Maindreieck typischen Muschelkalkböden. Mit 85 ha Fläche ist der Würz-

Kein trockenes Fachwissen: Zum kundigen Vortrag gehört meist auch ein Probierglas.

KARTE ▶ B4

Was: vom Stein-Wein-Pfad in die Weinkeller
Wo: Würzburg
Wann: Steinwein-Wanderung: Mai–Okt., 1. und 3. Sa im Monat um 15 Uhr, Treffpunkt Info-Pavillon am Beginn des Stein-Wein-Pfads; Info: Stein-Wein-Pfad e. V., Unterdürrbacher Str. 182, 97080 Würzburg, Tel. 09 31/9 46 00; öffentliche Kellerführungen: Weingut Juliusspital, Klinikstr. 1, 97070 Würzburg, April–Mitte Dez., Fr und Sa 17 Uhr; Treffpunkt Brunnen im Park des Juliusspitals; Staatl. Hofkeller, Residenzplatz 3, 97070 Würzburg: März bis Mitte Dez., Sa

burger Stein die größte zusammenhängende Einzellage Deutschlands und gehört heute zu etwa je einem Drittel den drei Würzburger Traditionsweingütern Bürgerspital, Juliusspital und Staatlicher Hofkeller, die ihrerseits zu den größten Weingütern Deutschlands zählen. Kleinere Parzellen sind im Eigentum des Weinguts am Stein (Ludwig Knoll) und des Weinguts Reiss.

Würzburg liegt einem zu Füßen, wenn man sich vom Weingut am Stein aus auf den Panoramaweg macht. Zum zauberhaften Ausblick auf die Stadt kredenzt er Wissenswertes über den Würzburger Wein. Egal, ob man die ebene, 1 km lange Westroute bevorzugt oder die anspruchsvollere östliche Schleife über 3 km mit mehr Treppen und Höhenunterschieden wählt, auf den Stelen und Schautafeln, im historischen Weinberg und im Rebsortengarten gibt es zu Natur pur fränkische Weingeschichte satt von Albalonga über Bacchus bis hin zu Riesling, Rieslaner und Silvaner. Interessante Anekdoten der Gästeführerinnen zu »Schlossgespenst und Weingeistern« oder über das Handwerk des Winzers runden das Weinwissen ab.

Derart vorgebildet, dürstet es den Wanderer natürlich nach einem edlen Tropfen, um das Wissen nicht nur in der Theorie, sondern auch in der Praxis zu erschmecken. Da liegt nichts näher, als sich auf dem Weg in die kühlen Keller der Traditionsweingüter zu machen, wo auf Hunderten von Metern unterirdischer Gänge große und kleinere Jahrgänge lagern. Öffentliche Kellerführungen bieten das traditionsreiche Juliusspital, der Staatliche Hofkeller und das Bürgerspital an – eine kleine Verkostung inklusive.

stdl. 10–17, So und feiertags stdl. 10–16 Uhr; Treffpunkt Franconia-Brunnen vor der Residenz; Weinproben Jan.–Dez. an ausgewählten Samstagen, Termine auf Anfrage, An-

meldung erforderlich; Bürgerspital Weingut, Theaterstraße 19, 97070 Würzburg; April–Okt. Sa 14 Uhr; Weinproben: März– Nov. an ausgewählten Freitagen, Termine auf Anfrage,

Anmeldung erforderlich
Web: www.wuerzburg.de/stein-wein-pfad,
www.hofkeller.de
www.buergerspital.de
www.juliusspital.de/weingut

Wege zum Frankenwein

Wer den Wein dort trinkt, wo er wächst, ist auf dem richtigen Weg: Und so führen viele Wege zum Wein und durch das Fränkische Weinland. Als »Dorf der Wege« macht Retzstadt auf sich aufmerksam. Viele gut beschilderte Themenwege vermitteln zur gesunden sportlichen Betätigung Spaß, Geselligkeit, Wissen, Entspannung und Meditation. Die Hektik des Alltags vergessen lassen soll der Besinnungsweg, der über 14 km von Retzstadt nach Retzbach verläuft. Der 6 km lange Wanderweg »Wein und Natur« führt vorbei an der Rebsortengalerie. Fleißig gesungen werden darf auf dem »Weg der Lieder« (5 km, verkürzt 4).

Die Texte gibt es an den zwölf Stationen gratis, ebenso wie bezaubernde Aussichten auf Retzstadt. Zum Naturerlebnis in der fränkischen Kulturlandschaft bietet der Planetenweg (6 km) eine Reise durch unser Sonnensystem mit mehrfacher Lichtgeschwindigkeit. Der Countdown beginnt am Ortsausgang Richtung Güntersleben. Baumarten, Holzverwertung und Funktionen des Walds werden auf dem 3 km langen Waldlehrpfad erläutert. Anschließend bietet sich noch der Kleine Dorfrundgang (2 km) an.

Wen es dann nach ein wenig Erholung dürstet, den verführen fränkische Gastlichkeit und urige Lokale zu besonderen kulinarischen Erlebnissen: Wie ein Freund empfangen wird man in einer der typischen Heckenwirtschaften, bei Hausmacherspezialitäten und edlen Tropfen fühlen sich sicherlich nicht nur die Weinliebhaber wie im siebten Himmel.

Zum Wohl! In den gemütlichen Heckenwirtschaften herrscht gute Stimmung.

KARTE ▶ B3

Was: Wege durchs Weinland und das Dorf der Wege
Wo: 97282 Retzstadt
Wann: ganzjährig
Essen & Trinken: Weinhaus am Riesen, Hauptstraße 63 a, 97282 Retzstadt, Tel. 0 93 64/53 58, zwei Wochen nach Fasching (für vier Wochen) und Ende Okt. (für drei Wochen), Fr und Sa ab 15 Uhr, So und feiertags ab 11.30 Uhr, Mo–Do geschl; Hotel-Gasthof Vogelsang, Untere Hauptstraße 9–11, 97225 Retzbach, Tel. 0 93 64/80 50, www.hotel-vogelsang.de
Web: www.retzstadt.de

So ein Floßbau, der ist lustig ...

Wie kommt man über Fluss oder See, wenn man kein Boot hat und nicht gerade schwimmen möchte? Klar: Man baut ein Floß. Doch wie? Schon die alten Wikinger sollen sich auf die Kunst des Floßbaus verstanden haben, auch Tom Sawyer und Huckleberry Finn zimmerten eines. Die Südamerikaner tun es anders als die Europäer, aber Fakt ist: Das Floß ist ein Wasserfahrzeug zur Beförderung von Lebewesen und besteht aus schwimmenden Materialien, und das können die verschiedensten sein.

Ein Hauch von Abenteuer weht da am Naturbadesee bei Eibelstadt. Rund 30 Leute stehen vor einer großen Herausforderung: Sie sollen in vier miteinander wetteifernden Gruppen aus Holzstämmen, Seilen und Kunststofffässern ein möglichst seetaugliches Wassergefährt zimmern und damit den anderen auf den Fluten auf und davon fahren. Dabei

sind weniger sportliche Höchstleistungen als Teamgeist und Kreativität vonnöten. Unter der Regie fachkundiger Instrukteure werden Pläne geschmiedet, Hölzer gelegt, Seile geknotet und Fässer vertaut – eine schweißtreibende Angelegenheit, und so mancher sehnt sich schon längst nach Abkühlung im erfrischenden Nass. Nach fast 3,5 Stunden sind die Floßbauer fast am Ziel, ihre beeindruckenden Meisterwerke zu Wasser gelassen. Eine letzte Hürde gilt es, noch zu nehmen: Welches Team holt den Sieg, schafft es, paddelnd auf dem See die Flagge in den Fluten zu umschiffen, ohne dabei Schiffbruch zu erleiden?

Mann über Bord – ohne den richtigen Teamgeist geht hier gar nichts voran.

KARTE ▶ C4   ≈

Was: Floßbau
Wo: Floßbau-Teamevent, Eibelstadt bei Würzburg, Tel. 01 79/7 67 77 72
Wann: Juni–Ende Aug.
Essen & Trinken: Alter Fronhof Eibelstadt, Heu-

markt 5, 97246 Eibelstadt, Tel. 0 93 03/98 43 49, www.alter-fronhof-eibelstadt.de, Di–Sa 11–14, 17–22, So 11–22 Uhr, Mo Ruhetag; Hotel Kapellenberg, Am Kapellenberg 2,

97246 Eibelstadt, Tel. 0 93 03/98 00 70, www.hotel-kapellenberg.de **Web:** www.flossbau event.de

Ausflug in die Vergangenheit

Das Fladunger Freilandmuseum in der Fränkischen Rhön ist das einzige Museum Deutschlands, das eine eigene Bahnstrecke unterhält. Auf ihr verkehrt das Rhön-Zügle, eine historische Dampflok mit angehängten Wagen aus den ersten Jahrzehnten des 20. Jh. Vom 1. Mai bis Anfang Oktober wird alle zwei Wochen eingeheizt! Dann geht es dampfend 18 wunderschöne Kilometer durch die Rhön: von Fladungen über Ostheim nach Mellrichstadt und zurück. Vorsicht ist beim Aus-dem-Fenster-Lehnen geboten, schnell werden vom Ruß die Gesichter schwarz. Viele weitere Mitmachaktionen gibt's im Freilandmuseum Fladungen, das sich als »Aktives Museum« versteht. Besonders beliebt sind die Back- und Schlachttage. Man kann sich aber auch darin versuchen, Obst zu dörren, Körbe zu flechten oder auf historische Art und Weise Wäsche zu waschen. Vielleicht machen auch die Kinderspiele von anno dazumal den Kindern von heute Spaß? Bei einem Rundgang durch die nach Fladungen versetzten Häuser, die alle aus Franken stammen und hier wieder originalgetreu aufgebaut worden sind, lernt man ganz nebenbei die regionale Geschichte und die Gepflogenheiten ihrer Bewohner kennen. Mit einer an der Kasse erhältlichen Museumsrallye dürfen die jüngeren Besucher sogar alleine losziehen. Im Rhöner Bauernladen am Museumsparkplatz gibt es dann regionale Produkte für zu Hause.

Die reich dekorierte Stube war Stolz und Hauptaufenthaltsraum der Familie.

KARTE ▶ C1

Was: Fränkisches Freilandmuseum Fladungen
Wo: Bahnhofstraße 19, 97650 Fladungen, Tel. 0 97 78/9 12 30
Wann: April–Ende Okt. tgl. 9–18 Uhr, im April und Okt.

Mo Ruhetag
Wie viel: 4 €; ab 16.30 Uhr oder bei Vorlage eines Rhön-Zügle-Fahrscheins bzw. Bayern-Tickets 2,50 €, Kinder 2,50 €, Schulklassen/Schüler:

1,50 €, Familientageskarte: 8 €, öffentl. Führung So 14.30 Uhr.
Essen & Trinken: Museumsgasthof
Web: www.freiland museum-fladungen.de

Nach dem Skisport lockt die Gemündener Hütte zur gemütlichen Einkehr.

Zum Après-Ski ins Kloster!

Nicht die Nächte, sondern die Abfahrten sind lang auf dem Kreuzberg in der bayerischen Rhön. Im Winter kann man stolze 3,5 km den Osthang hinuntersausen, der Dreitannenlift steht für den Rückweg bereit. Wer lieber mit den Skiern in die Lüfte will, hat dazu auf drei Schanzen die Gelegenheit. Familienfreundlich ist die Rodelpiste an der Klosterwiese; für Langläufer werden Loipen verschiedener Schwierigkeitsgrade präpariert. Und das Beste: Auf dem mit 928 m zweithöchsten Berg der Rhön ist Naturschnee im Winter meist garantiert. Zum Après-Ski erfreut sich die Klosterschänke größter Beliebtheit. Was kann schöner sein, als nach einem Tag im Schnee in rustikaler Atmosphäre auf ein süffiges Klosterbier einzukehren? Der Gerstensaft wird von Franziskanermönchen seit 1731 vor Ort gebraut; ursprünglich, um die Wallfahrer zu versorgen, die zu den Drei Kreuzen auf dem Kreuzberg pilgerten.

KARTE ▶ C2

Was: Skifahren, Snowboarden, Rodeln, Wandern **Wo:** Kreuzberg, Bischofsheim an der Rhön, Bayerische Rhön **Essen & Trinken:** Klosterbrauerei Kreuzberg, Kreuz-

berg 2, 97653 Bischofsheim, Tel. 0 97 72/9 12 40, tgl. 8–20 Uhr; Café Elisäus Mi–So 10–18, So 8–18 Uhr; Berggasthof Neustädter Haus, Neustädter Haus 1, 97653 Bischofsheim,

Tel. 0 97 72/12 20, Mo Ruhetag **Web:** www.skilifte-kreuzberg.de, www.bischofsheim.info, www.kreuzbergbier.de, www.neustaedter-haus.de

Wo schon Kanzler, Kaiser und Könige kurten

König Ludwig I. posiert auf dem Rakoczy-Fest bereitwillig für ein Foto.

Was haben der Märchenkönig Ludwig II., der österreichische Kaiser Franz Josef und seine Gattin Sisi, der eiserne Kanzler Fürst Otto von Bismarck und Zar Alexander II. gemeinsam? Sie alle hatten ein Faible für Bad Kissingen. Und mit ein wenig Glück und dem richtigen Timing begegnet man ihnen auch noch heute beim Stadtbummel durch das weltbekannte bayerische Staatsbad. In Erinnerung an all die berühmten Persönlichkeiten, die das Heilbad einst im 19. Jh. mit ihrem Wohlwollen und Besuch auf den Weg brachten, feiert die Stadt immer am letzten Juli-wochenende das Rakoczy-Fest, bei dem historische Persönlichkeiten in authentischen Kostümen in der mondänen Kurstadt lustwandeln.

Auch heute ist ein Aufenthalt in der charmanten Kurstadt ein königliches Vergnügen. In den Kuranlagen lässt es sich nicht nur in Erinnerungen schwelgen, sondern auch wunderbar entspannen und etwas für die Gesundheit tun. Beispielsweise in Europas größter Brunnen- und Wandelhalle. Die Seele baumeln lassen kann man im Kurgarten oder Luitpoldpark mit mediterraner Kneipp-Landschaft und Barfuß-Labyrinth.

KARTE ▶ C2

Was: Stadtbummel auf historischen Pfaden
Wo: Bad Kissingen
Wann: immer, wenn man kuren und lustwandeln will
Wie viel: hängt von den persönl. Ansprüchen ab

Essen & Trinken: Gourmet-restaurant Laudensacks Parkhotel, Kurhausstr. 28, 97688 Bad Kissingen Tel. 09 71/7 22 40, www.laudensacks-parkhotel.de; Casino-Res-taurant »Le jeton«, Im Luit-poldpark 1, 97688 Bad Kissingen, Tel. 09 71/40 81, www.le-jeton.net
Web: www.badkissingen.de, www.rakoczy-fest-badkissingen.de

Mit dem Winzer im Weinberg

Wer den Wein nicht nur aus der Flasche im Glas, sondern mit allen Sinnen genießen möchte, dem sei angeraten, ihn direkt im Weinberg zu erleben, die Reben zu riechen und mit eigenen Händen zu fühlen, selbst die Steillage zu erobern und bei der Lese zu helfen. Die Winzer zeigen ihre Lieblingsplätze und die süßesten Trauben.

»Steilhangtauglich sollten die Helfer schon sein, und nicht mit den Sonntagsschühli kommen!«, sagt Christine Galena, die mit ihrem Mann Michael in Sommerach das Weingut Galena führt. Und sie sollten in der Erntezeit auch abrufbereit vor Ort sein, denn es entscheidet sich oft sehr kurzfristig, wann gelesen wird. Jeden Tag misst der Winzer mit einem Refraktometer die Reife der Trauben, um den optimalen Zeitpunkt für die Ernte zu erwischen. Gerade an den Steilhängen bei Escherndorf und Sommerach müssen die Trauben oft von Hand gelesen werden. Ein weiteres Kriterium: »Wo nur Spitzenweine reifen, lässt man keine Maschinen ran. Es muss sehr selektiv gelesen werden, und nur gesunde Trauben dürfen in den Eimer«, erläutert Winzerin Galena. So sind Erntehelfer willkommen,

Maschinen sind hier tabu – es wird selbstverständlich von Hand gelesen.

die den Reben nach einer kurzen Einweisung selbst mit der Schere zu Leibe rücken dürfen. Doch keine Angst: Die Winzer stehen mit Rat und Tat zur Seite, und die Lese dauert nur drei bis vier Stunden.

Der Lohn für die Mühen bei der Lese: Weinverkostungen direkt im Weinberg unter freiem Himmel. Und wer Lust zum Mitmachen hat, sollte einfach beim Winzer seiner Wahl direkt anfragen.

KARTE ▶ C3

Was: Weinlese für Amateure
Wo: Escherndorf/Sommerach; Weingut Michael & Christine Galena, Turmstraße 1, 97334 Sommerach, Tel. 0 93 81/93 68,
Fax 0 93 81/90 34, sowie auf Anfrage bei weiteren Winzern
Wann: Sept./Okt.
Web: www.weingut-galena.de, www.franken-weinland.de

Die Sonne verwöhnt die Reben an den Hängen der Mainschleife bei Volkach.

Durch die Mainschleife

Genau da, wo sich der Main aus einer Laune der Natur heraus beinahe im Kreis dreht, liegt die Mainschleife mit der Maininsel und vielen berühmten Weinlagen. Die verschiedensten (Themen-)Wander- und Radwege laden zu Entdeckertouren ein. Von Volkach aus führt ein Spaziergang durch die rebenumrankten Berge von Volkacher Kirchberg und Ratsherr zur Wallfahrtskirche »Maria im Weingarten« mit Tilman Riemenschneiders weltberühmter Rosenkranzmadonna. Wer lieber die Südroute wählt, gelangt auf die Maininsel (die sogenannte Weininsel) mit dem malerischen Schloss Hallburg. Sportive starten von dort Richtung Sommerach, die weniger Ausdauernden brechen gleich – flankiert von Nordheimer Vögelein und Kreuzberg – nach Nordheim auf und von dort mit der Fähre nach Escherndorf inmitten des berühmten »Escherndorfer Lumps«. Die Anstrengung beim Aufstieg zur Vogelsburg wird mit einem phänomenalen Ausblick belohnt.

Man kann die Mainschleife mit der Weininsel auch mit dem Kanu erkunden. Verschiedene Veranstalter bieten (geführte) Touren ab Wipfeld, Obereisenheim bis Volkach an.

KARTE ▶ C4

Was: Rad- oder Wandertour rund um die Mainschleife
Wo: Volkach, Sommerach, Nordheim, Escherndorf
Wann: Frühjahr bis Herbst
Essen & Trinken: Vogels-

burg: Wirtshaus mit Aussicht; 97332 Volkach, Tel. 0 93 81/71 08 97 20, www.juliusspital.de; Weinrestaurant und Romantikgarten Schloss Hallburg; Winzerkeller

Sommerach
Web: www.volkach.de, www.vogelsburg-volkach.de, www.sommerach.de, www.escherndorf.de, www.nordheim-main.de

Wo die Fähre Walzer tanzt

Alle Mann an Bord? Schnell noch schieben zwei Radler ihre Drahtesel rüber, Fußgänger machen es sich auf der Bank bequem. Fährmann Norbert Lukas lotst die drei Autofahrer noch einen halben Meter nach vorn, dann steigt er in sein Häuschen, zieht den Motorenhebel und dreht das große Steuerrad. Die Fähre brummt los. Doch statt sie von Fahr aus schnurstracks zum gegenüberliegenden Mainufer nach Kaltenhausen zu manövrieren, hat Norbert Lukas ein anderes Ziel vor Augen: Fröhlich dreht sich die Fähre in den munter dahinplätschernden Fluten des Mains.

Die Fähre tanzt – den Mainfährenwalzer, erklärt Führerin Martha Gehring, sehr zur Begeisterung aller Fahrgäste. Viele von ihnen kommen extra wegen dieser Attraktion in den kleinen Winzerort Fahr bei Volkach. Wer nämlich mit einer Gästeführerin im Rahmen einer Entdeckungsreise durch die Gegend um

die Mainschleife mit der Fahrer Fähre über den Fluss setzt, darf stets »mittanzen«.

»Lebensnotwendig« sei sie für Fahr, die Fähre, sagt Martha Gehring. Sie verbinde die beiden Mainufer und sei ein wichtiges Transportmittel. Auch heute kann man sich durch Nutzung der Fähre einige Kilometer des Wegs sparen. Pferdekutschen, Weinprinzessinnen sowie viele wichtige Persönlichkeiten haben Norbert Lukas und sein Kollege Johannes Kirch schon mit ihr über den Main gebracht. Und sogar Hochzeit kann auf der Fähre gefeiert werden. Sie ist nämlich offizielles Standesamt der Stadt Volkach.

Mehr als nur reines Transportmittel: die Fähre Fahr.

Mit der Nostalgiebahn durch die Mainschleife

Flott braust der rote Schienenbus durch das satte Grün der Weinberge und Felder – an Bord eine illustre Schar an Passagieren, die das besondere Eisenbahnerlebnis ebenso genießen wie den wundervollen Blick auf die Landschaft der fränkischen Mainschleife bis hin zur Rhön. Dass die historische Mainschleifenbahn auch heute noch über die Schienen rattert, ist einer Bürgerinitiative zu verdanken. Die eingleisige, nicht elektrifizierte Nebenbahn wurde 1909 eröffnet und verbindet auf einer Streckenlänge von 10 km Seligenstadt bei Würzburg mit der Winzerstadt Volkach. Am 28. Mai 1994 wurde die Mainschleifenbahn von der Deutschen Bahn aufs Abstellgleis geschoben – stillgelegt. Ein Förderverein erweckte die Strecke zu neuem Leben und erhielt die Konzession als private Bahnstrecke. Seit dem Jahr 2003 rollt die vereinseigene, historische Schienenbusgarnitur der Baureihe 796/996 wieder entlang der Mainschleife, durchquert das Naturschutzgebiet Vogelsburger Holz, schattige Obstbaumfelder, den Astheimer Quittenlehrpfad sowie kleinere Weingärten. Während der 25-minütigen Fahrzeit, bei der der Nostalgiezug einen Höhenunterschied von fast 100 m überwindet, bieten sich herrliche Ausblicke.

Ehrenamtliche Eisenbahner des Fördervereins Mainschleifenbahn stellen die Weichen. An den verschiedenen Stationen von Seligenstadt bis Astheim-Volkach (Prosselsheim, Untereisenheim, Escherndorf) kann man zu- und aussteigen.

Nostalgietrip in die 1960er-Jahre mit einem originalen »Uerdinger«, Baujahr 1960.

KARTE ▶ C4

Was: Mainschleifenbahn, historischer Schienenbus
Wo: zwischen Seligenstadt bei Würzburg und Volkach
Wann: Mai–Okt. So und feiertags, ab Mitte Sept. auch Sa, Sonderfahrten nach Voranmeldung; Fahrplan im Internet oder bei den Touristinformationen Volkach, Sommerach und Nordheim
Wie viel: 7 €, Kinder (ab 6 Jahren) 3,50 €, Familien (2 Erw. u. Kinder bis 6 Jahre) 16 €; Gruppenermäßigung nach Voranmeldung möglich; Kinderwagen und Fahrräder kostenlos (soweit Platz ist)
Web: www.mainschleifen bahn.de

Gemütlich geht es zu auf der Floßfahrt. Wer es eilig hat, ist hier fehl am Platz.

Eine Floßfahrt, die ist lustig …

»Leinen los – Floß ahoi«, ruft der Steuermann, und nahezu lautlos beginnt es durch die ursprüngliche romantische Flusslandlandschaft des Altmains bei Volkach zu gleiten. Bis in die 1950er-Jahre transportierten die Flößer aus dem Frankenwald mühsam ihre Stämme durch die Fluten mainabwärts. Doch heute ist Floßfahren kein harter Job mehr; Frohsinn, Entspannung, Naturerlebnis und Genuss sind angesagt. Deshalb sollte der Passagier auch ein wenig Zeit und Muße mitbringen, um die beschauliche Wasserfahrt auf einem der ältesten Transportwege Deutschlands zu genießen.

Sobald das 20-Tonnen-Gefährt in der Nähe der Sandgrube im Volkacher Ortsteil Astheim auf den Fluten des Altmains Fahrt aufgenommen hat, lenken es vier Steuermänner auf dem Fluss in die richtigen Bahnen. Den 80 Passagieren, die auf dem 21 m langen und 7,5 m breiten Floß Platz finden, offenbart sich eine Landschaft wie aus dem Bilderbuch. Neben Wissenswertem zur Kulturlandschaft kredenzt der Floßmeister kulinarische Köstlichkeiten der Region – und jenen, die nicht nur dem Zwitschern der Vögel lauschen möchten, auch fröhliche fränkische Musik.

KARTE ▶ C4　　　　　　　≈

Was: Floßfahren
Wo: von Astheim bei Volkach bis nach Gerlachshausen
Wann: Mai–Okt.
Wie viel: Floßfahrt (Dauer 3,5 Std.) Erw. 32 €, Kinder bis 12 Jahre 16 €, Miete für das ganze Floß 1950 € (ohne Weinprobe und Sonderleistungen), Livemusik buchbar, ebenso Sonderwünsche
Essen & Trinken: auf Wunsch an Bord
Web: www.flosserlebnis.de

Dürer, Spitzweg und die Nazarener

Große Kunst von gestern, tolle Architektur von heute im Museum Georg Schäfer.

staat Bayern und der Stadt Schweinfurt mit dem Museumsneubau ein dauerhaftes Zuhause gegeben. Die Kunstreise zu den Nationalgalerien in Berlin oder München ist damit (fast) überflüssig geworden – auch in Mainfranken bekommt man nun ganze Werkgruppen Caspar David Friedrichs, Wilhelm Leibls, Max Liebermanns oder der Nazarener zu Gesicht. Von Carl Spitzweg hat Georg Schäfer mit 160 Gemälden und 100 Zeichnungen sogar das weltweit größte Konvolut vereint; ihm ist ein eigener Raum gewidmet: »Der Bücherwurm«, »Der Kaktusfreund«, »Der strickende Wachposten« heißen die berühmten Gemälde, die einen vergnüglichen Blick auf die deutsche Befindlichkeit des 19. Jh. gewähren.

Fast am Fluss, in Blickweite der Mainbrücke, liegt der moderne Travertinkubus »Museum Georg Schäfer«, der an heißen Tagen Abkühlung und bei jedem Wetter hochkarätigen Kunstgenuss verspricht. Vom späten Rokoko bis zum deutschen Impressionismus reicht die zeitliche Spannweite der Gemälde und Zeichnungen, die der Schweinfurter Industrielle Georg Schäfer (1896–1975) ab den 1950er-Jahren zusammengetragen hat und die heute als bedeutendste private Sammlung deutscher Kunst des 19. Jh. gilt. Ihr wurde vom Frei-

Neben der Malerei ist auch die Architektur des Museums mit der großzügigen Eingangshalle, Muse-

---

KARTE ▶ C3

Was: Museum Georg Schäfer; Kunsthalle Schweinfurt; Bibliothek Otto Schäfer
Wo: Museum Georg Schäfer, Brückenstraße 20, 97421 Schweinfurt, Tel. 0 97 21/51 48 20;

Kunsthalle Schweinfurt im ehem. Ernst-Sachs-Bad, Rüfferstraße 4, 97421 Schweinfurt, Tel. 0 97 21/ 5 14 79; Bibliothek Otto Schäfer, Judithstraße 16, 97422 Schweinfurt,

Tel. 0 97 21/3 87 09 70
Wann: Museum: Di–So 10–17, Do bis 21 Uhr; Kunsthalle: Di–So 10–17, Do bis 21 Uhr; Bibliothek: Di–Sa 14–17, So und feiertags 10–17 Uhr

umsbuchhandlung, Café und den vielen Ausblicken auf Stadt, Land und Fluss ein Erlebnis; Sitzgelegenheiten vor wie Bilder funktionierenden Glasfenstern ermöglichen den Dialog mit der Umgebung. Gleich nebenan liegt der historische Erbracher Hof und nur einen Katzensprung entfernt die gute Stube Schweinfurts: der Marktplatz mit Renaissance-Rathaus, Geburtshaus und Bronzedenkmal des Dichters und Orientalisten Friedrich Rückert. Eine architektonische Perle ist auch die Kunsthalle im ehemaligen Ernst-Sachs-Bad, das der Erfinder der Fahrradfreilaufnabe Torpedo und

Großvater von Gunter Sachs seinen Arbeitern in den 1930er-Jahren stiftete. In der Dauerausstellung werden vor allem Positionen aus der zweiten Hälfte des 20. Jh. präsentiert. Der Kunst des expressiven Realismus ist ebenfalls ein Raum gewidmet.
Wer sich für wesentlich ältere Kunst interessiert, der ist in der Bibliothek Otto Schäfer richtig. Der jüngere, erst im Jahr 2000 verstorbene Bruder Georgs hat in seinem Wohnhaus eine Buchkunst- und Kunsthandwerkssammlung aufgebaut, die sich sehen lassen kann. Darunter etwa die fast vollständige Druckgrafik Albrecht Dürers.

Wo einst geplantscht und gebadet wurde, ist heute die Kunst zu Hause.

Wie viel: Museum: 7 €, Do ab 18 Uhr 2,50 €, jeder 1. Dienstag im Monat ständige Sammlung kostenfrei, Sonderausstellung an diesem Tag 2,50 €, Kinder bis 6 Jahre frei, bis 14 Jahre 2 €, Familienkarte 12 €; Kunsthalle: 3,50 €, erm. 2,50 €, Kinder bis 16 Jahre frei; Bibliothek: 3 €, erm. 2 €
Essen & Trinken: Museumscafé
Web: www.museumgeorgschaefer.de, www.kunsthalle-schweinfurt.de, www.museumottoschaefer.de

Unterwegs zu Queen Victoria und Luther

Der erste Blick auf Coburg hat Symbolcharakter: Die »Fränkische Krone«, die Veste, thront gleich einer Krone über der einstigen Residenzstadt. Und tatsächlich gibt es von Coburg aus enge Verbindungen zur englischen Krone.

Bis 1918 regierten die Herzöge von Sachsen-Coburg und Gotha, die durch eine geschickte Heiratsoffensive im 18. und 19. Jh. innerhalb weniger Jahre verwandtschaftliche Beziehungen zu fast allen europäischen Herrschaftshäusern pflegten. So wurde hier nicht nur der spätere König Leopold von Belgien geboren, sondern auch Prinz Albert, der Gemahl der britischen Königin Victoria I. von Großbritannien.

Diesen herrschaftlichen Glanz spiegeln noch heute zahlreiche Schlösser in und um Coburg wider. Die englische Queen weilte gerne in dieser Ecke des europäischen Festlands und brachte bei ihren Besuchen moderne Erfindungen von der Insel mit. Als Pionierin des Wasserklosetts hierzulande ließ sie in der altehrwürdigen Ehrenburg ein solches im stillen Örtchen ihres Zim-

mers installieren, wie bei einer Schlossführung zu erfahren ist.

Auch viele weitere prominente Persönlichkeiten der Zeitgeschichte zog es nach Coburg. So tanzte schon der österreichische Kaiser im Riesensaal der Ehrenburg, der berühmte österreichische Komponist Johann Strauß (Sohn) war 13 Jahre gar Bürger der Vestestadt.

Auf einen weiteren bedeutenden Mann trifft, wer sich durch den herr-

Die Veste Coburg zählt zu den am besten erhaltenen Burganlagen Deutschlands.

KARTE ▶ E2

Was: Spaziergang durch Coburg mit Besuch von Schloss Ehrenburg und Veste
Wo: 96450 Coburg
Wie viel: Ehrenburg: 4,50 €, Kinder unter 18

Jahren frei, Pers. über 65 Jahre, Schüler und Studenten gegen Ausweis 3,50 €, nur mit Führung
Essen & Trinken: Restaurant Künstler-Klause, Theaterplatz 4 a, 96450 Coburg,

Tel. 0 95 61/9 07 05 www.kuenstler-klause.de, Mo–Fr 17.30–23, Sa und So 11–14 und 17.30–23 Uhr;
Goldenes Kreuz, Herrngasse 1, 96450 Coburg,

lichen Park auf den Weg zur Veste macht: In den Mauern der mit 260 m Länge und 135 m Breite mächtigen Burganlage verbarg sich 1530 ein halbes Jahr lang Reformator Martin Luther. Wie einst er, so können heute die Besucher von der Veste aus den herrlichen Fernblick genießen oder in der Stadt weiter auf den Spuren des Reformators wandeln. Wer unterwegs in der Stadt dem »Coburger Mohr« begegnet, wun-

dert sich möglicherweise, was ihn hierherführt: Der heilige Mauritius wurde von Künstlern des Mittelalters als Schwarzer dargestellt. Er ist der Schutzpatron der Stadt und ziert auch deren Wappen. Noch exotischer wird es jedes Jahr Mitte Juli: wenn Coburg im Rahmen eines grandiosen Festivals zur »Samba-Hauptstadt« Europas wird und heiße Rhythmen die Stadt zum Beben bringen.

Tel. 0 95 61/51 34 07, Mo–Sa 11.30–14.30 und 17.30–24, So 11.30–15 Uhr, So Abend geschl. Web: www.sgvcoburg.de, www.coburg-tourist.de Sonstiges: Wer Zeit hat,

sollte unbedingt auch Schloss Rosenau bei Rödental und Schloss Callenberg bei Coburg in Augenschein nehmen. Für Familien empfiehlt sich die Geocaching-Tour durch

Coburg. Lohnenswert ist zudem ein Besuch im Naturkundemuseum am Festungsberg.

Unterwegs im Gottesgarten

»Zum heiligen Veit von Staffelstein komm ich emporgestiegen. Und seh die Lande um den Main zu meinen Füßen liegen«, pries schon Viktor von Scheffel im Frankenlied die Schönheit des Gottesgartens. Egal, aus welcher Richtung man sich diesem Fleckchen Erde um die Korbstadt Lichtenfels zwischen dem Barockjuwel Kloster Banz, Balthasar Neumanns berühmter Wallfahrtskirche Vierzehnheiligen und der Adam-Riese-Stadt Bad Staffelstein nähert, der Blick auf die herrliche Landschaft lässt einen spontan in diese Ode an Franken einstimmen.

Am besten steigt man spätestens in Bad Staffelstein auf das Rad um oder schnürt die Wanderstiefel. Keineswegs versäumen sollte man es jedoch, (vor- oder hinterher) bei einem Bummel die schöne Kur- und Fachwerkstadt selbst in Augenschein zu nehmen. Am beeindruckenden Rathaus erinnern eine Tafel und ein Denkmal an einen großen Sohn der Stadt: den Rechenmeister Adam Ries(e).
Unbedingt lohnenswert ist der steile Weg hinauf nach Kloster Banz mit seiner barocken Stiftskirche, einer Schöpfung der Brüder Dientzen-

KARTE ▶ E3

Was: Rad- oder Wandertour am Obermain
Wo: Bad Staffelstein, Kloster Banz, Michelau, Lichtenfels, Vierzehnheiligen, Staffelberg, Bad Staffelstein

Wann: das ganze Jahr über
Essen & Trinken: vielfältige fränkische bis internationale Gastronomie in Bad Staffelstein und Lichtenfels; unbedingt zu empfehlen: Klosterbrauerei

Trunk Vierzehnheiligen, Tel. 0 95 71/34 88, tgl. 10–20 Uhr; Klause auf dem Staffelberg, Tel. 0 95 73/ 54 37, April–Okt. 10–22 Uhr, Di Ruhetag, Nov. geschl., Dez.–März Fr ab 14, Sa und

hofer, und der Petrefaktensammlung. Nach einem letzten Blick aufs Maintal strebt man diesem wieder zu, um im Deutschen Korbmuseum in Michelau filigrane Flechtschätze zu bestaunen. Noch mehr zu diesem ebenso traditionellen wie innovativen Handwerk der Region hält die Deutsche Korbstadt Lichtenfels parat, wo nicht nur die Deutsche Berufsfachschule für Flechtwerkgestaltung, sondern vor dem Rathaus auch der größte Präsentkorb der Welt steht. Längst nicht mehr nur Körbe, sondern modernste Flechtwaren gibt es jedes Jahr am dritten Wochenende im September beim Korbmarkt. Von Lichtenfels aus ist eine letzte Anstrengung Pflicht: Auf einer Anhöhe steht Balthasar Neumanns Meisterwerk, die Wallfahrtsbasilika Vierzehnheiligen, ein Bauwunder des Rokoko. Krönender Abschluss einer jeden Exkursion ist ein Abstecher auf den Staffelberg. 539 m über Normalnull bietet sich ein überwältigender Blick weit über Franken bis nach Thüringen, der schon Scheffel schwärmen ließ: »Ich wollt' mir wüchsen Flügel!«

So ab 11.30, feiertags ab 9.30 Uhr: typisch fränkische Brotzeiten und hausgemachte Kuchen Web: www. lichtenfels.de, www.bad-staffelstein.de, www. OberesMaintal-CoburgerLand.com, www.vierzehnheiligen.de, www.korbmuseum.de Sonstiges: Ein besonders imposantes Panorama eröffnet die Fahrt über die Staatsstraße 2204 zwischen Gleußen und Bad Staffelstein/Unnersdorf. Unweit des Weilers Neuhof bietet sich eine atemberaubende Aussicht auf das gesamte Maintal bis in die Fränkische Schweiz.

Der Klangschalenaufguss sorgt für die richtige Saunastimmung.

Entspannen im ThermenMeer

Wasser – wohlig warm und mit einem Mineralgehalt, der es in sich hat: Die Obermain-Therme ist Bayerns wärmste und stärkste Thermalsole. Das ThermenMeer lockt mit einer Wasserfläche von 1600 qm, verteilt auf 16 Innen- und Außenbecken mit angenehm-warmem Nass mit Temperaturen zwischen 28 und 36 Grad. Überall sprudelt und blubbert es: Acht Whirlpools, Fontänen und ein Wasserfall bringen das Wasser in Bewegung. Hydrodüsen massieren verschiedene Körperpartien gezielt durch kräftige Wasserstrahlen.

Schwerelos schweben, in zwölfprozentiger Bad Staffelsteiner Ursole, lässt es sich im Solebecken. Orientalische Badefreuden genießt man im türkischen Dampfbad.

So richtig ins Schwitzen kommen kann man im luxuriösen Saunaland auf über 5000 qm: Ein Erlebnis für alle Sinne versprechen fünf außergewöhnliche Themensaunen, Warmluft- und klassisches Dampfbad drinnen und draußen.

KARTE ▶ E3

Was: Baden und Saunieren in der Therme
Wo: Obermain-Therme, Am Kurpark 1, 96231 Bad Staffelstein, Tel. 0 95 73/ 9 61 90
Wann: tgl. 8–21 Uhr, Sauna 9–21, Do–So 9–23, Damensauna Di ab 17 Uhr
Wie viel: ThermenMeer: 2 Std 8,50 €, 3 Std. 10 €, Tageskarte 13,50 € SaunaLand: 2 Std 12 €, 3 Std. 14 €, 4 Std. 16 €, Tageskarte 17,50 €
Essen & Trinken: Rödigers Bistro in der Obermain-Therme, VitaBar im Saunaland
Web: www.obermaintherme.de

Abfahrt auf der Achterbahn

Nächste Ausfahrt: Action, Spiel und Spaß. Der Klassiker der Kinderbelustigung liegt direkt an der A3. So schnell wie man hergekommen ist, so rasant geht es im Freizeit-Land weiter: etwa in der »Wilden Maus« oder im beliebten »Boomerang«, der einzigen Looping-Achterbahn Deutschlands mit Vorwärts- und Rückwärtsgang. Abfaaahrt! Kopfüber schießt man aus 38 m Höhe kreischend bergab und rückwärts wieder hinauf. Auch auf der Wildwasserbahn, in der Drehgondel und beim Kroko-Rodeo sind Kicks für alle Altersgruppen garantiert. Im 4D-Motion-Kino gilt es sich mit einem Skate-Profi auf den halsbrecherischen Hochgeschwindigkeits-Parcours zu wagen. Geruhsamer ist da schon die Bayerische Floßfahrt oder eine Runde im Zwergerl-Express. Über 40 Fahrvergnügen und Erlebnisspielplätze sorgen bei der ganzen Familie für gute Laune. Denn es ist wirklich für jeden etwas dabei! Kleine Kinder lieben die frechen Ziegen im Streichelzoo und auch die Ponys und Papageien im Tierpark. Selbst Störche kann

man in Geiselwind beobachten. Schließlich ist das Freizeit-Land vor über 40 Jahren aus einem Vogelpark hervorgegangen.

Achtung, festhalten! Die Achterbahn »Boomerang« rast in den ersten Looping.

KARTE ▶ D4

Was: Freizeit-Land Geiselwind
Wo: Wiesentheider Str. 25, 96160 Geiselwind, Tel. 0 95 56/9 21 10
Wann: April–Mitte Okt. 9–17 Uhr, im Sommer bis 18/20 Uhr, Einlassende 2 Std. vorher
Wie viel: 24 €, Kinder bis 1,10 m frei, ab 1,40 m 20 €, Gruppen erm., Geburtstagskinder haben freien Eintritt. Parkplatz kostenlos

Essen & Trinken: auf dem Gelände, z.B. Bierzelt Bavaria, Restaurant Tropica
Web: www.freizeitland geiselwind.de
Sonstiges: bei schlechter Witterung geschlossen

Bamberger Bierkultur

Ob zum UNESCO-Weltkulturerbe auch die Bamberger Braüereien gehören? Seit 1993 darf Bamberg den begehrten Titel tragen – als größtes unversehrt erhaltenes Altstadtensemble Europas. Historisch ererbt ist auch die seit dem 12. Jh. urkundlich belegte Braukunst. 1122 wurde sie den Benediktinern auf dem Michaelsberg von Bischof Otto I. erstmals erlaubt, um ihre Klosterbrüder mit »flüssigem Brot« zu versorgen. Auch die Bamberger Bürger gewöhnten sich schnell an ihre täglichen Seidla, wie hier der Halbliterkrug als Maßeinheit bezeichnet wird. Die ehemaligen Produktionsräume der Benediktinerbrauerei sind inzwischen zum Fränkischen Brauereimuseum umgewandelt worden, das mit über 1300 Objekten und Erinnerungsstücken alles Wissenswerte über Hopfen, Malz, das deutsche Reinheitsgebot und die ober- und untergärige Bierherstellung dokumentiert. 1818 zählte die

KARTE ▶ E3

Was: Fränkisches Brauereimuseum, BierSchmecker®Tour
Wo: Fränkisches Brauereimuseum e.V., Michelsberg 10f, 96049 Bamberg, Tel. 09 51/5 30 16

Wann: BierSchmecker®-Tour ganzjährig buchbar bei der Tourist-Information, Geyerswörthstraße 5, 96047 Bamberg, Tel. 09 51/2 97 62 00, Einzelreisende und

Gruppen bis zu 6 Pers.; Museum: April–Okt., Mi–Fr 13–17, Sa/So und feiertags 11–17 Uhr
Wie viel: Tour: 20 € (inkl. Bierkrug, Stadtplan und Rucksack); Museum: 3 €,

Stadt 65 Brauereien, heute sind es noch immer neun. Bamberg ist somit die Stadt mit der größten Brauereidichte in Deutschland. Alle haben sie mehrere Biersorten im Angebot, die innerhalb von Brauereiführungen und natürlich in den Bamberger Wirtshäusern verkostet werden können. Die Tourist-Information bietet dafür extra eine »BierSchmecker®Tour« an, bei der es, ausgestattet mit Stadtplan, Rucksack, Steinkrug und mehreren Biergut-

scheinen, auf eigene Faust an die städtischen Zapfhähne geht. Denn wer nicht zumindest ein Seidla in Bamberg getrunken hat, der darf nicht behaupten, überhaupt dagewesen zu sein, auch wenn er in der Regnitz gebadet oder den Bamberger Reiter besichtigt hat.

Weit über die Stadtgrenzen hinaus bekannt ist das Rauchbier, das schmeckt, als hinge ein Schinken im Glas, und noch heute von zwei Brauereien aus geräuchertem Malz hergestellt wird. Auch wenn das nicht jedermanns Sache ist, wird es mit Vorliebe zu Schäuferla und halber Haxe, Entenkeule oder der fränkischen Bratwurst serviert. Alkoholfreies Bier ist auf den Speisekarten der Lokale weit schwerlicher zu finden und schon gar kein kleines Bier. Die Seidla-Maßeinheit kann höchstens mit einem Schnitt umgangen werden: Dann wird der Krug beim Zapfen nicht schräg, sondern gerade gehalten, was ungefähr ein halbes Seidla ergibt. Vielleicht haben Sie Glück und machen dabei einen guten Schnitt!

In den historischen Kreuzgewölben erhalten die Besucher zahlreiche Information zur Kunst des Bierbrauens.

erm. 2,50 €, Fam. 6,50 €
Essen & Trinken: Brauerei Schlenkerla mit unter Denkmalschutz stehendem Gastraum und Rauchbier aus dem Eichenholzfass, Dominikanerstraße 6, 96049 Bamberg, Tel. 09 51/5 60 60, tgl. geöffnet, warme Küche 12–22 Uhr, Bierausschank ab 9.30 Uhr, www.schlenkerla.de. Die Biere mehrerer Brauereien kann man in vielen Bamberger Wirtshäusern verkosten, z.B. in Scheiners Gaststuben, Katzenberg 2, 96047 Bamberg, Tel. 09 51/ 5 09 08 19, tgl. ab 10 Uhr, www.scheiners.de
Web: www.bamberg.info

Auf zwei Rädern durch Bamberg

Wie man das Segway steuert, lernt man intuitiv.

»Bitte lächeln! Wir sind eine Attraktion«, ruft Stadtführerin und Segway-Instruktorin Eve Jacob den Teilnehmern zu, die sich zu ersten Fahrübungen im Hainpark zusammengefunden haben. Gar nicht so einfach, sich vertrauensvoll – und lächelnd – zurückzulehnen, um den Schwerpunkt auf die Fersen zu verlagern und so bergab das Tempo zu drosseln. Eine mechanische Bremse oder einen Sattel gibt es nicht. Das Segway ist aber selbstbalancierend und kann nicht umfallen, dennoch wollen Anfahren und Anhalten erst einmal gelernt sein. Zum Beschleunigen gilt es, sich wie Kate Winslet am Bug der Titanic nach vorne zu beugen. Und wie beim Skifahren reicht zum Lenken ein Schwenk mit den Knien. Bald strahlen alle über ihre ersten Fahrerfolge, ganz nebenbei haben wir auch schon Bambergs Englischen Garten am linken Regnitzarm kennengelernt. Dann kann es losgehen, im Entenmarsch, zu den weiteren Attraktionen der Stadt. Das Lächeln bleibt im Gesicht – und erscheint auch auf den Gesichtern der Passanten, schließlich gehören wir noch immer zu den Segway-Pionieren. 2001 wurde das erste Gerät in den USA angemeldet. Geführte Stadt-Touren gibt es – umweltfreundlich und leise – in Deutschland erst seit 2006. In Bamberg, der Stadt der sieben Hügel, ist das Segway ideal. Bequem und vergnüglich erklimmen wir zunächst den Kaiserdom, dann geht es hoch zum Michaelskloster samt seiner gigantischen Aussichtsterrasse, dem Abtsgarten.

KARTE ▶ E3

Was: Segway-Stadtführung
Wo: Altstadt Bamberg,
Start: Parkplatz Hainstr. 59,
Tel. 09 11/93 32 50
Wie viel: 50 € pro Pers.
Web: www.segwaytour-bamberg.de

Sonstiges: Teilnahmebedingungen: Mindestalter 15 Jahre, mindestens 45 kg und höchstens 118 kg, Führerschein oder Mofaberechtigungsschein, Dauer: ca. 1,5 Stunden;

viele weitere Bamberger Erlebnisstadtführungen sind buchbar unter www.erlebnis-weltkulturerbe.de

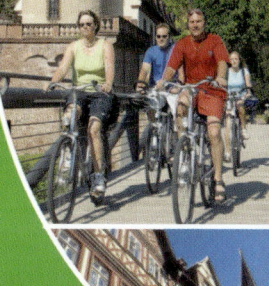

Erlebnis Wertheim

5-Sterne Radel-Paradies an Main und Tauber

Unsere Radelangebote:

Radeln an Main und Tauber auf den einzigen 5-Sterne-Radwegen Deutschlands

z. B. „Weinradeln", 4-Tages-Tour nach Rothenburg o. d. Tauber (120 km) ab 185,- € pro Person;

„Main-Tauber-Fränkischer-Radachter", 5-Tages-Tour (153 km) ab 190 ,- € pro Person

Hier lohnt sich ein Besuch besonders:

- Historische Altstadt
- Burg Wertheim
- Burgbahn
- Schlösschen im Hofgarten
- Glasmuseum mit Glasbläservorführungen
- Grafschaftsmuseum

- Wertheim Village – Designer Outlet Shopping
- Art of Chocolate – Gläserne Schokoladenmanufaktur Weinverkostung von drei Weinen mit den korrespondierenden Pralinen bzw. Trüffelschokoladen

Mehr Informationen über Wertheim:

Tourist-Information
Telefon: 09342-93509-0
www.tourist-wertheim.de
info@tourist-wertheim.de

Ferienregion
WERTHEIM

TIPP 54

MARKTBREIT
Museum Malerwinkelhaus

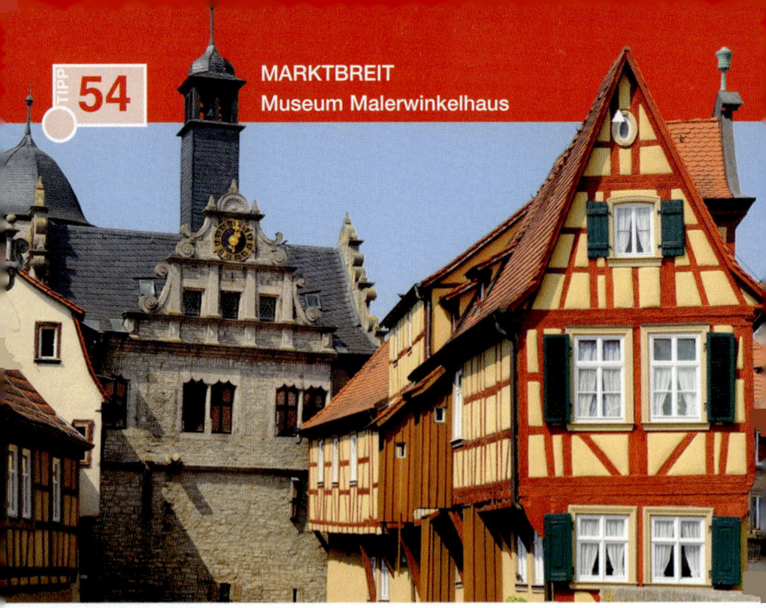

Fränkische Bilderbuchkulisse mit Maintor und Malerwinkelhaus.

Fränkisches Leben anno dazumal

Von der Wiege bis zur Bahre erzählt das Museum Malerwinkelhaus am zentralen Maintor die typischen Lebensstationen der fränkischen Bürgersfrau. Die Einblicke in das städtische Frauenleben, gemäß und abseits des Ideals Hausfrau und Mutter, sind genauso sehenswert wie das Gebäude an sich, das 1747 für drei Familien erbaut wurde und das am meisten gemalte und fotografierte Anwesen Marktbreits ist. Ein Römerkabinett informiert über das 1985 entdeckte römische Militärlager auf dem Kapellenberg. Im Ortskern zeigen sich das Renaissance-Rathaus, Bayerns zweitältestes Wirtshaus, der Löwe, und Schloss Seinsheim am Markt hübsch herausgeputzt. Haben wir auch nichts vergessen? Doch: das Geburtshaus von Dr. Aloys Alsheimer (1864–1915), das nur innerhalb einer Stadtführung besichtigt werden kann. Im Inneren wurde für den weltweit bekannten Neurologen und Psychiater ein Gedenkraum eingerichtet.

KARTE ▶ C4

Was: Museum Malerwinkelhaus
Wo: Bachgasse 2, 97340 Marktbreit, Tel. 0 93 32/59 15 96
Wann: April–Nov. Do 14–20, Fr/Sa/So und feiertags 14–17 Uhr, Gruppenführungen nach Vereinbarung
Wie viel: 2,50 €, erm. 1,50 €, Kinder bis 6 Jahre frei, Gruppenführung 25 €
Essen & Trinken: Ringhotel Löwen, Markstraße 8, 97340 Marktbreit, Tel. 0 93 32/5 05 40
Web: www.marktbreit.de, www.malerwinkelhaus.de, www.ringhotel-loewen.de

Große Kunst im Theater im Turm

Großes Theater auf ganz kleiner Bühne: Das bietet das Torturmtheater in Sommerhausen mittlerweile seit mehr als 35 Jahren unter Leitung von Veit Relin. Als Schauspieler stand er früher am Wiener Burgtheater auf den Brettern, die die Welt bedeuten. Seit 1976 führt er im malerischen Würzburger Turm in Sommerhausen Regie. Veit Relin machte es zu einer fränkischen Theaterlegende mit innovativen Uraufführungen auf origineller Bühne – Heiteres, Schwarz-Humoriges, aber auch Ernsthaftes findet sich auf dem Spielplan. Qualität statt Quantität lautet die Devise. Im Zuschauerraum haben gerade mal 50 Personen Platz, und der Aktionsraum der Schauspieler auf der Bühne ist auch minimal. Doch weniger ist bekanntlich ja oft mehr – minimalistische Ausstattung, maximales Theatervergnügen. Auch schon ganz große Stücke standen im Tor-

turm auf dem Programm. Relin ist stets auf der Suche nach interessanten Stoffen, die er in seinem Haus entsprechend in Szene setzt. Im Übrigen ist das Theater allein schon durch seine Ausstattung mit Bildern und allerlei Kuriositäten ebenso spektakulär wie heimelig.

Noch mehr Theater gibt es gleich nebenan im »Theater Sommerhaus« unter der Federführung von Brigitte Obermeier. Um die Wartezeit vor einer Vorstellung zu verkürzen, oder auch für hinterher empfiehlt sich ein Spaziergang durch die romantischen Gässchen des malerischen Dörfchens.

Klein, aber oho: Die Aufführungen im Torturmtheater sind legendär.

KARTE ▶ C4

Was: Theater in Sommerhausen
Wo: Torturmtheater, Hauptstr. 1, 97286 Sommerhausen, Tel. 0 93 33/2 68; Theater Sommerhaus, Katharinengasse 3,

97286 Sommerhausen
Wann: Vorstellungen Torturmtheater: Ende März bis Mitte Dez., Di–Fr 20, Sa 16.30–19 Uhr, zusätzlich an Adventssonntagen
Essen & Trinken: Werkstatt-

Galerie-Café Sommerhausen, Katharinengasse 1, 97286 Sommerhausen, Tel. 0 93 33/90 44 80
Web: www.torturmtheater.de, www.theater-sommerhaus.de

83

Wanderung auf den »heiligen Berg«

Huckepack geht es für diesen kleinen Mann bequem auf den Schwanberg.

Malerisch und weltgewandt zeigt sich Iphofen am Fuße des Schwanbergs, das seinen von der Gips-, Holz- und Weinwirtschaft herrührenden Reichtum nicht verbirgt. Die ökonomischen Faktoren sind mit der Trockenbaufirma Knauf, dem Knauf-Museum (Gipsrepliken berühmter Kunstwerke aus aller Welt) und den schmucken Winzerhöfen in den breiten, kopfsteingepflasterten Straßen der Stadt präsent. Zum Kennenlernen lohnt auch ein Spaziergang entlang des Stadtgrabens. Für die Wanderung hinauf zum Schwanberg oder weiter zum Weinort Castell, der Heimat des Silvaners, bietet sich eine Etappe auf dem Steigerwald-Panoramaweg an, der Bad Windsheim mit Bamberg in 160 km verbindet. Dazu verlässt man Iphofen am schönen Rödelseer Tor und erklimmt den »heiligen Berg« durch die Weinberge. Schon die Kelten riefen hier ihre Götter an. Inzwischen leben evangelische Nonnen der Communität Casteller Ring auf der Höhe, die morgens und abends zu eindrucksvollen Gottesdiensten mit Gesang einladen und im ehemaligen Schloss der Familie Faber-Castell ein Tagungszentrum eingerichtet haben. Im verwunschenen Schlosspark – einem seltenen Zeugnis der Gartenkunst des frühen 20. Jh. – ruht der römische Flussgott Neptun in einem Bassin. Alexander Graf zu Faber-Castell, der für seine berühmten grünen Bleistifte verschiedene Hölzer auf dem Schwanberg getestet hatte, ist zusammen mit seiner Familie im Mausoleum begraben.

KARTE ▶ C4

Was: Stadtrundgang, Wanderung auf den Schwanberg, Tagesetappe auf dem Steigerwald-Panoramaweg
Wo: Iphofen, Steigerwald-Panoramaweg. Tourist-Information Iphofen,

Tel. 0 93 23/8 71 50
Wann: ganzjährig
Essen & Trinken: Hotel und Weinstube Bausewein, Breite Gasse 1, 97346 Iphofen, Tel. 0 93 23/87 66 70, ökologisch angebaute

Weine, Mo–Fr ab 18, So und feiertags ab 17 Uhr, Mi Ruhetag, www.altstadt hotel-bausewein.de
Web: www.steigerwald-panoramaweg.de, www.iphofen.de

Die (historische) Schulbank drücken

Ein ganz besonderes Freilandmuseum und eine der schönsten Kirchenburgen Frankens befinden sich mitten in Mönchsondheim, wo heute noch 150 Menschen rund um die historischen Gebäude leben. Im Rathaus sind die originale Posthilfsstelle und die Backstube, im Wirtshaus der Tanzsaal und ein Fünfziger-Jahre-Friseursalon zu besichtigen. In den Speicherbauten der Kirche kann man vergessenes Handwerk bestaunen. Selbst die frühe Siedlungsgeschichte kann als archäologische Grabung in situ betrachtet werden. Um die Dorflinde laden Bierbänke zum Verweilen ein. Seit 1563 bestand in Mönchsondheim eine Volksschule. Unterrichtet wurde zunächst im Torhaus über dem Eingang der Kirchenburg; erst 1927 gab es ein eigenes Schulhaus; bis in die 1960er-Jahre allerdings mit nur einer einzigen Klasse. Von verschiedener Größe sind daher

die Schulbänke, auf denen man noch heute Platz nehmen darf, die Mädchen am besten mit Schürze und Zöpfen, die Jungen mit Hosenträgern. In Zweierreihen geht es wie früher ins Schulhaus hinein. Und beim historischen Schulunterricht werden Erinnerungen wach! Was haben die Strümpfe gekratzt und die Finger geschmerzt nach einem Klaps mit der Rute des strengen Lehrers. Unangenehm war es auch, in der Ecke zu stehen. Und wie ging das noch einmal mit dem Dreierles-S in der altdeutschen Schrift? Oder ein längst vergessenes Lied? Neben kleinen Lernübungen bleibt genug Zeit, Erlebnisse auszutauschen.

Noch einmal ABC-Schütze sein – im alten Schulhaus werden Erinnerungen wach.

KARTE ▶ C4

Was: Kirchenburgmuseum Mönchsondheim
Wo: An der Kirchenburg 5, 97346 Iphofen-Mönchsondheim, Tel. 0 93 26/12 24
Wann: Mitte März–Ende Okt. Di–So, feiertags 10–18 Uhr, November bis 1. Advent Sa/So und feiertags 10–16 Uhr
Wie viel: 3 €, Gruppen ab 10 Pers. 2,50 €, Kinder und Jugendliche bis 18 Jahre 1 €, Kinder unter 6 Jahren frei, Familienkarte 7 €, Führungen (nur mit Voranmeldung) 25 €, histor. Schulunterricht: Dauer 1,5 Std., 45 € inkl. Material
Web: www.kirchenburg museum.de

Grandiose Schnitzkunst aus der Frührenaissance

Am besten kommt man an Maria Himmelfahrt nach Creglingen. Ab dem 15. August fällt die Abendsonne durch eine Rosette am Westportal für ein paar Tage direkt auf Marias Gesicht. Ein Beweis, so die Creglinger, dass der Maria-Himmelfahrt-Altar von Tilman Riemenschneider (1460–1531) gezielt für ihre Herrgottskirche geschnitzt wurde. Der Bildhauer, neben Albrecht Dürer und Matthias Grünewald der wichtigste deutsche Künstler zwischen Spätgotik und Frührenaissance, betrieb eine florierende Werkstatt in Würzburg,

Ganzkörpererfrischung in kühlem Nass bietet der Münstersee bei Creglingen; sein großzügiger Wasserspielplatz und der Barfußpfad verzücken kleine Ausflügler.

wo er auch Ratsherr war und sich von 1520 bis 1524 als Bürgermeister engagierte. Seine Altäre und Skulpturen locken Kunstfreunde aus aller Welt nach Mainfranken und ins Taubertal. Das feine Lindenholz, das er für die Creglinger Figuren benutzte, ist, obwohl schon 500 Jahre alt, kaum nachgedunkelt, da der Altar nach der Reformation mehrere Jahrhunderte verschlossen blieb und erst 1832 wieder geöffnet wurde.

Creglingen ist Ausgangspunkt für eine 20 km lange Tilman-Riemenschneider-Tour nach Rothenburg ob der Tauber, die nicht zwingend auf der Romantischen Straße, sondern auch bestens per pedale oder auf dem Main-Donau-Wanderweg in Angriff genommen werden kann. Zuvor lädt das einzigartige Fingerhutmuseum zu einem Besuch, in dem Privatleute über 4000 Fingerhüte von der Steinzeit bis heute zusammengetragen haben. Und auf der Hohenloher Ebene können in Finsterlohr die Reste eines der längsten Keltenwälle besichtigt werden. Nächste Riemenschneider-Station ist der kleine Weiler Detwang. Im schlichten romanischen Kirchlein wird ein Kreuzigungsaltar des Künstlers aufbewahrt. In Rothenburg sind dann gleich drei echte Riemenschneider zu bewundern, darunter der berühmte Heilig-Blut-Altar von 1501 in der Stadtpfarrkirche St. Jakob.

Das Marienretabel in der Herrgottskirche von Creglingen ist eines der bekanntesten Werke Tilman Riemenschneiders.

KARTE ▶ C5

Was: Tilman Riemenschneiders Kunst vor Ort, Herrgottskirche Creglingen, St.-Peter-und-Paul-Kirche Detwang und Jakobskirche und Franziskanerkirche Rothenburg ob der Tauber

Wo: Herrgottskirche, 97993 Creglingen, Tel. 0 79 33/3 38; Fingerhutmuseum Creglingen, Kohlesmühle 6, 97993 Creglingen, Tel. 0 79 33/3 70
Wann: Herrgottskirche

April–Okt. Di–So 10–12.30, 14–17, Nov.–März Di–So 13–16 Uhr, geschl.: 24./25./31. Dez. und 7. Jan.–28. Feb.; Detwang, St. Peter und Paul April–Okt. 8.30–12 und

13.30–17, Juni–14. Sept. bis 18 Uhr, Nov.–März 10–12 und 14–16 Uhr (Mo geschl.); Rothenburg ob der Tauber, Jakobskirche: Jan.–März, Nov. 10–12 und 14–16 Uhr, April–Okt.

9–17.15, Dez. 10–16.45 Uhr; Rothenburg ob der Tauber, Franziskanerkirche: tgl. 10–12 und 14–16 Uhr (Jan., Febr. nur Sa und So) **Essen & Trinken:** Gasthof Herrgottstal, Herrgottstal

13, 97993 Creglingen, Tel. 0 79 33/5 18 **Web:** www.herrgotts kirche.de, www.fingerhut museum.de, www.gaeste haus-herrgottstal.de

Von Humpen, Hörnern und Hellebarden

Geschichte erlebt man in Rothenburg ob der Tauber auf Schritt und Tritt: ob in den alten Wehrgängen auf der kilometerlangen Stadtmauer, in den Kirchen und Stadttoren oder einfach in den kopfsteingepflasterten Straßen. Und schon von Weitem bezaubert das geschlossene Stadtbild auf dem Plateau hoch über dem Taubertal. Das Auto bleibt vor den Stadttoren stehen. Die internationale Touristengemeinde zieht zu Fuß durch die pittoresk-konservierte Vergangenheit und legt Stopps am Mittelalterlichen Kriminalmuseum und der ganzjährigen Weihnachtswelt von Käthe Wohlfahrt ein. Zur vollen Stunde, jeweils 11 bis 15 Uhr und 20 bis 22 Uhr, versammelt sie sich auf dem Marktplatz, um bei einem ganz besonderen Spektakel dabei zu sein. Dann öffnet die Kunstspieluhr an der Ratstrinkstube ihre beiden Fenster, und Bürgermeister Georg Nusch leert ein ums andere Mal den Dreiliterhumpen Frankenwein in einem Zug – im Angesicht des Generals Graf von Tilly, der ihm mit dieser schweren Aufgabe im Dreißigjährigen Krieg die Chance gab, Rothenburg vor der Brandschatzung durch seine Truppen zu bewahren. Live und in Farbe wird

---

KARTE ▶ C5

Was: historisches Festspiel »Der Meistertrunk«
Wo: Rothenburg ob der Tauber, Rothenburg Tourismus Service, Marktplatz 2, 91541 Rothenburg, Tel. 0 98 61/40 48 00,

www.rothenburg.de
Wann: Pfingstwochenende, weitere Aufführungen des Schauspiels im Kaisersaal jeweils im Okt.
Wie viel: ca. 6–14 €
Essen & Trinken: traditio-

nell: Weinstube zum Pulverer, Herrngasse 31, 91541 Rothenburg ob der Tauber, Tel. 0 98 61/97 61 82, Mo, Mi, Fr ab 17, Sa/So ab 12 Uhr, Di Ruhetag; in der hauseigenen Konditorei

Eine der größten Touristenattraktionen im Frankenland: das historische Festspiel in Rothenburg ob der Tauber.

die legendäre Stadtrettung alljährlich an Pfingsten inszeniert. Hunderte von Laienschauspielern drehen dann die Zeit zurück und versetzen Rothenburg ins 17. Jh.: mit echtem Heerlager vor dem Rödertor, historischem Umzug, »plündernden Haufen«, Händlern, Handwerkern, Wahrsagern und Gauklern in allen Gassen. Der »Meistertrunk« wird als Theaterstück im Kaisersaal des Rathauses zur Aufführung gebracht (noch einmal im Oktober, falls man den Pfingsttermin verpasst hat).

Für die Stadtrettung mittels Frankenwein gibt es übrigens keine his-

torischen Belege. Doch war das Schauspiel, das der Rothenburger Glasermeister Adam Hörber um 1900 davon niederschrieb, so erfolgreich, dass es aus dem städtischen Geschichtsbewusstsein – und dem der Touristen – nicht mehr wegzudenken ist.

Wer sich für die Anfänge des »Meistertrunks« und auch des modernen Fremdenverkehrs interessiert, der sollte die traditionelle Weinstube am Pulverer in der Herrngasse besuchen. Die Bestuhlung stammt von 1902, hineingeschnitzt sind die Porträts der Ratsherren und des Bürgermeisters Nusch beim Meistertrunk. Auch die hölzernen Türen und Decken wurden mit Schnitzereien und Einlegearbeiten verziert. In der hauseigenen Konditorei werden die »Rothenburger Schneeballen«, mit Puderzucker bestreute Mürbeteigkugeln, nach altem Familienrezept in Schmalz ausgebacken: natürlich original, ohne irgendwelche Füllungen oder Glasuren.

werden die Rothenburger Schneeballen nach über 100 Jahre altem Familienrezept hergestellt; alternativ und abseits der Touristenströme: Biergarten Unter den Linden,

Kurze Steige 7 B, 91541 Rothenburg, Tel. 0 98 61/59 09, direkt an der Tauber, 4 m langes Schwingseil
Web: www.meistertrunk.de, www.zumpulverer.de

Sonstiges: Kriminalmuseum, Burggasse 3–5, 91541 Rothenburg, Tel. 0 98 61/53 59, www.kriminalmuseum. rothenburg.de

Museum unter blauem Himmel

Durch sieben Jahrhunderte fränkischer Alltagsgeschichte führt uns der Parcours des Freilandmuseums in Bad Windsheim, das im Jahr 1976 gegründet und vier Jahre später eröffnet wurde. Auf einem Areal von 45 ha wurden 100 Originalgebäude aus den verschiedensten Ecken Frankens wiederaufgebaut und alte Landschaftsbilder aus Feldern, Wiesen und Bachläufen angelegt.

Zum Leben auf dem Land gehörten natürlich auch die Dorffeste und der traditionelle Tanz um den Maibaum.

So lässt sich die Vergangenheit in exemplarischer Weise betrachten und das oftmals mühsame Tagewerk der Menschen erfahren. Wie lebte es sich damals auf einem fränkischen Bauernhof? Welche Arbeitsschritte wurden vom Schmied oder Müller geleistet? Und wie erging es den Tieren mit den Menschen? Der Alltag unserer Vorfahren wird in Bad Windsheim ganz lebendig dargestellt. Ein Museumsschäfer hütet die dörfliche Schafherde wie anno dazumal. Der Pferdeschmied bringt Hufeisen und Nägel zum Glühen, bevor er sie auf seinem Amboss bearbeitet. Und die Felder werden von Landwirten mit dem Ochsengespann und wie zu Urgroßmutters Zeiten mit alten Getreidesorten bestellt. Bis in die 1960er-Jahre geht die Zeitreise durch die fränkische Provinz. Beim Wandern von Dorf zu Dorf dürfen die Besucher gelegentlich selbst den Rechen oder die Spindel in die Hand nehmen.

Zum vergnüglichen Zuschauen allein lädt das Freilandtheater dienstags bis samstags um 20.30 Uhr am Schulhaus Pfaffenhofen.

KARTE ▶ D5

Was: Fränkisches Freilandmuseum
Wo: Eisweiherweg 1, 91438 Bad Windsheim, Tel. 0 98 41/66 80 40
Wann: Mitte März–Mitte Dez. Di–So, feiertags und Juni–Okt. auch Mo. Bei jedem Wetter einen Besuch wert!
Wie viel: 6 €, Kinder unter 6 Jahren frei, Fam. 15 €
Essen & Trinken: vier historische Wirtshäuser im Museum (fränkische Küche und Museumsbier)
Web: www.freiland museum.de
Sonstiges: Programm des Freilandtheaters unter: www.freilandtheater.de

O Sole mio!

Schwerelos im Wasser schweben und dabei die Gedanken treiben lassen – so geht der Alltagsstress in Franken baden. Der Solesee ist die absolute Sensation der Bad Windsheimer Therme, deren Glaskuppel zum neuen Wahrzeichen der Stadt geworden ist. Er bietet Tiefenentspannung vor der Haustür und ersetzt mit seinem fast 26,9-prozentigen Salzgehalt die Fernreise ans Tote Meer. Denn die Kraft des Salzes, die Haut und Atemwege pflegt, kommt von einem vor 250 Millionen Jahren entstandenen Salzstock aus rund 200 m Tiefe unter der Stadt, der auch die drei weiteren, 32 bis 36 °C heißen Becken mit bis zu zwölf Prozent Solegehalt nährt. Wer es nicht nur warm und gesund, sondern auch schweißtreibend mag, dem sei die riesige, moderne Saunalandschaft anempfohlen, die mit ihren salzhaltigen Dampf- und Aromakammern, der Zirbensauna, einem Brechelbad und einem Panoramabereich mit 80 Plätzen alles bietet, was sich der Wellnessfreund erträumen mag – auf ganz Wagemutige wartet mit dem höchsten Schwitzplatz sogar ein Sauna-Königsthron.

Eine »Sinfonie aus Sole« erwartet die Gäste in den Becken der Franken-Therme.

KARTE ▶ D5

Was: Saunalandschaft und Solesee
Wo: Franken-Therme Bad Windsheim, Erkenbrechtallee 10, 91438 Bad Windsheim, Tel. 0 98 41/4 03 00
Wann: tgl. 9–22 Uhr, Sauna und Wellnessoase ab 10 Uhr. Kinder unter 6 Jahren haben keinen Zutritt.
Wie viel: ab 9 €, Tageskarte 14 bzw. 18 €, Salzseezuschlag: 2,50 €
Essen & Trinken: Restaurant Celsius in der Therme
Web: www.franken-therme.net
Sonstiges: Hochseilgarten Bad Windsheim, Erkenbrechtallee 2, 91438 Bad Windsheim

Ein Weißkopfseeadler startet zu einem Erkundungsflug.

Vögel, zum Greifen nah

Aus feudalen Zeiten stammt der Jagdfalkenhof in Schloss Schillingsfürst, wo ein Zweig des Hohenloher Adelsgeschlechts bis heute residiert. Neben einer Museumsführung in die barocken Innenräume mit ihrer interessanten Geschichte sind die täglichen Greifvogel-Flugschauen vor allem für Kinder die Attraktion. Geier, Falken, Adler und Milane lernt man beim Sturzflug kennen und zu unterscheiden. Immerhin gibt es fast 300 Greifvogelarten auf der Welt. Zur großen Freude nicht nur der kleinen Besucher darf man auch den flauschigen Greifvogelnachwuchs ganz aus der Nähe betrachten. Denn in Schillingsfürst werden vom Aussterben bedrohte Arten auch nachgezüchtet und wieder ausgewildert. Wer gar den Beruf des Falkners erlernen will, kann hier in die Lehre gehen.

Die erhöhte Lage des Schlosses, unweit von Rothenburg ob der Tauber an der Romantischen Straße, erlaubt einen gigantischen Weitblick ins Umland, das Café am Schlosseingang lädt zur Panoramaschau. Im Brunnenhausmuseum in Schillingsfürst gibt es ein technisches Denkmal zu bestaunen: die Ochsen-Tretanlage, mit der einst Wasser zum Schloss befördert wurde.

KARTE ▶ C6

Was: Greifvogel-Flugschau
Wo: Bayerischer Jagdfalkenhof, Schloss Schillingsfürst, Am Wall 14, 91583 Schillingsfürst, Tel. 0 98 68/69 41
Wann: April–Okt. Vorführungen tgl. 11 und 15 Uhr
Wie viel: 7 €, Kinder 5–14 Jahre 4 €, Fam. 20 €
Essen & Trinken: Schlosscafé und Weinstube Schillingsfürst, Am Wall 10, 91583 Schillingsfürst, Tel. 0 98 68/74 06, tgl. 9–24 Uhr, Backspezialitäten auch für Diabetiker, www.schlosscafe-schillingsfürst.de.
Web: www.bayerischer-jagdfalkenhof.de

Der Blick in die Unendlichkeit

Draußen herrscht Mittelalter, drinnen Illusion. Zur Freude aller und ganz besonders der Kinder. Die wollen gar nicht mehr raus aus dem Museum der 3. Dimension in der Dinkelsbühler Stadtmühle, wo man so viel anfassen darf und das Gehirn trotzdem hinters Licht geführt wird. Schaukästen und mechanische Apparaturen laden zum Mitmachen ein. Die überraschenden Effekte bringen aber nicht nur die Kleinen zum Staunen. Die sichtbar gemachte räumliche Tiefenwirkung begeistert auch die Großen, vor allem weil thematisch für jeden etwas dabei ist: klassische 3D-Techniken, die in der Werbung der 1970er-Jahre verwendet wurden, Aktfotos, archäologische Grabungen und Wetterphänomene. Das Museum überblickt die Geschichte der dreidimensionalen Bildwiedergabe und der Anwendung optischer Täuschungen und verfügt über eine bedeutende Anzahl von Anaglyphen. Wer in Ruhe alle Stationen erleben möchte, sollte gut zwei Stunden einplanen.

Gespannt und in 3D erleben diese drei kleinen Gäste, was sich vor ihren Augen abspielt.

KARTE ▶ C6

Was: 3D-Museum
Wo: Nördlinger Tor, 91550 Dinkelsbühl, Tel. 0 98 51/63 36
Wann: Nov.–März Sa, So 11–16 Uhr, April–Sept. tgl. 10–18 Uhr, Okt.–6. Nov.

tgl. 11–16 Uhr, Gruppen nach Vereinbarung
Wie viel: inkl. 3-D-Anaglyphenbrille: 10 €, erm. 8 €, Kinder bis 12 Jahre, Behinderte 6 €, Fam. 28 €, Geburtstagskinder (mit Aus-

weis) 2 €, Rentner über 77 (mit Ausweis) 2 €, Führung nach Voranmeldung 68 €
Web: www.3d-museum.de

Durch die hübschen Marktstraßen geht es vorbei an prächtigen Bürgerhäusern.

In der Bilderbuchstadt

Dass es so etwas noch gibt – ein Städtchen wie aus dem Bilderbuch! Mit seinen Giebeln und Winkeln, der intakten Stadtmauer und vier Eingangstoren ist Dinkelsbühl nicht nur der Inbegriff deutscher Romantik, sondern auch der angehaltenen Zeit, und das bewusst: Alle Ladenschilder sind in Frakturschrift gehalten. Die mittelalterliche Kulisse hat schon Ende des 19. Jh. junge Maler aus München angezogen, die auf das Städtchen bei einer Fahrradtour durch Franken aufmerksam wurden und mit Pinsel und Staffelei wiederkehrten. Sie suchten sich ihre Motive im Freien und wohnten im Malerheim »Weißes Ross«, wo bis heute Malkurse veranstaltet werden. Einige ihrer Ansichten Dinkelsbühls, etwa von Karl Schmidt-Rottluff, sind in der Stadt verblieben und im Haus der Geschichte im Alten Rathaus ausgestellt. Hier, am Dinkelsbühl-Modell, mit dessen Hilfe man die Dimensionen der Stadt toll erfassen kann, beginnt idealerweise die Stadtrunde; im Rathaus sind außerdem die Kriegs- und Friedenszeiten der ehemals Freien Reichsstadt dokumentiert. Wie Rothenburg kennt auch Dinkelsbühl eine Legende der wundersamen Stadtrettung im Dreißigjährigen Krieg, die im Theaterstück »Die Kinderzeche« jährlich mit Hunderten von Laienschauspielern zur Aufführung gebracht wird.

Für alle, die nicht zu Fuß durch die romantischen Gassen gehen wollen, ist die Kutsche das angemessene Fortbewegungsmittel. Bei einer Stadtführung per Pferdekraft lässt sich die Historie Dinkelsbühls und des Umlands vortrefflich erkunden. Für Gruppen wird auch ein unterhaltsamer Triathlon angeboten, der aus der Kutschfahrt, dem fränkischen Kegelspiel Hurlen und einer genussvollen Einkehr besteht.

KARTE ▶ C6   ✕ 🏛 🏰

Was: Planwagenfahrt durch die historische Altstadt
Wo: Touristik Service Dinkelsbühl, Altrathausplatz 14, 91550 Dinkelsbühl, Tel. 0 98 51/90 24 40
Wann: Ostern–Okt. (sonst auf Anfrage), Treffpunkt: nach Vereinbarung
Wie viel: 122 € (Wagen bis 20 Pers.)
Essen & Trinken: Hotel Weißes Ross, Steingasse 12, 91550 Dinkelsbühl, Tel. 0 98 51/57 98 90, www.hotel-weisses-ross.de, Biergarten, Jugendstil-Gaststube, Malkurse, tgl. 11.30–14 und 18–22 Uhr, im Winter Do Ruhetag
Web: www.dinkelsbuehl.de

Am Steuerrad des Piratenschiffs

Knapp 8 cm sind die Playmobilfiguren groß, die den Siegeszug in unsere Kinderzimmer angetreten haben. Und zwar von Zirndorf aus. Hier wurden sie vor 40 Jahren erfunden, hier werden sie entwickelt und vermarktet. Leuchtende Kinderaugen gleich neben der Geschäftszentrale beweisen, dass das Konzept aufgegangen ist. Ob auf dem Piratenschiff, das hier nicht 70 cm, sondern 17 m lang ist, oder in der Ritterburg können Kinder ihrem Lieblingsspielzeug auf Augenhöhe begegnen. Oder sie nehmen selbst die Rolle der Figuren ein, lenken das Steuerrad und schießen mit Kanonen. Im Wilden Westen kommt Goldgräberstimmung auf: Nuggets und Halbedelsteine sind im Sand versteckt. Im Bauernhof dürfen Pferde gestriegelt, Schweine gefüttert und Kühe gemolken werden. Kreativität und Bewegung stehen bei allen Playmobil-Spieleangeboten im Vordergrund.

Ob der Pirat den Kindern verrät, wo er seinen Goldschatz vergraben hat?

KARTE ▶ E5

Was: Playmobil-FunPark
Wo: Brandstätterstr. 2–10, 90513 Zirndorf, Tel. 09 11/96 66 17 00
Wann: Juli–Sept. 9–19 Uhr, Minigolf und Aktiv-Park bis 22, sonst bis 17 oder 18 Uhr, im Winter Außenbereich geschl.
Wie viel: Juli–Sept. Tageskarte 10 €, Sept.–Nov. 8 €, Geburtstagskinder (mit Ausweis) und Kinder unter 3 Jahren Eintritt frei

Essen & Trinken: mehrere Gastrobereiche auf dem Gelände, im Sommer bis 22 Uhr geöffnet
Web: www.playmobil-funpark.de

Auf den Spuren von Kaspar Hauser

Nicht nur die Herkunft des wohl berühmtesten Findelkindes der Welt gibt bis heute Rätsel auf, sondern auch sein unglückliches Ende. Als Kaspar Hauser nach etwa 17 Jahren Kerkerhaft 1828 in Nürnberg aufgegriffen wurde, konnte er kaum mehr als seinen Namen stammeln. Unweit der Orangerie im Hofgarten zu Ansbach hat ihn fünf Jahre später ein Unbekannter mit dem Messer niedergestreckt. Ein Gedenkstein erinnert am Original-

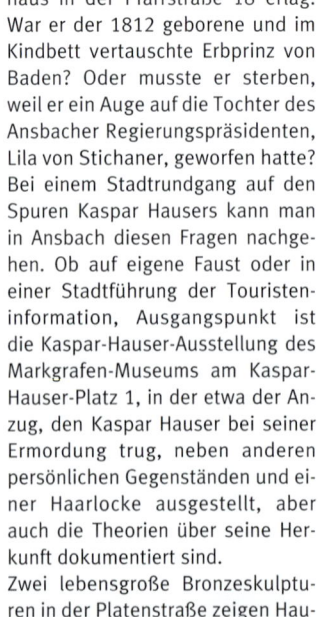

schauplatz an das Attentat, dem Kaspar Hauser am Abend des 17. Dezembers 1833 in seinem Wohnhaus in der Pfarrstraße 18 erlag. War er der 1812 geborene und im Kindbett vertauschte Erbprinz von Baden? Oder musste er sterben, weil er ein Auge auf die Tochter des Ansbacher Regierungspräsidenten, Lila von Stichaner, geworfen hatte? Bei einem Stadtrundgang auf den Spuren Kaspar Hausers kann man in Ansbach diesen Fragen nachgehen. Ob auf eigene Faust oder in einer Stadtführung der Touristeninformation, Ausgangspunkt ist die Kaspar-Hauser-Ausstellung des Markgrafen-Museums am Kaspar-Hauser-Platz 1, in der etwa der Anzug, den Kaspar Hauser bei seiner Ermordung trug, neben anderen persönlichen Gegenständen und einer Haarlocke ausgestellt, aber auch die Theorien über seine Herkunft dokumentiert sind.

Zwei lebensgroße Bronzeskulpturen in der Platenstraße zeigen Hauser, wie er 1828 und 1833 ausgesehen haben könnte. Auch an seinem Wohn- und Sterbehaus gegenüber

Kaspar Hauser mal zwei: als Findelkind und als junger Edelmann.

KARTE ▶ D6

Was: Stadtrundgang
Wo: Stadt Ansbach, Amt für Kultur und Touristik, Johann-Sebastian-Bach-Platz 1, 91522 Ansbach, Tel. 0 9 81/5 12 43; regelmäßige Stadtführungen

für Einzelreisende ohne Voranmeldung, Preis: 5 €
Essen & Trinken: Gasthaus Zum Mohren, Pfarrstraße 9, 91522 Ansbach, Tel. 09 81/9 66 93, Sommer tgl. 11–24 Uhr,

www.zummohren.de; Green & Bean Coffee Experts, Pfarrstr. 6, 91522 Ansbach, Tel. 09 81/9 72 17 97, Mo–Fr 8.46–18.31, Sa 8.46–16.04 Uhr,

In der Ansbacher Markgrafenresidenz sind zahlreiche Schätze des Rokoko zu bestaunen.

der Hofkanzlei, wo er bei dem Lehrer Johann Georg Meyer einquartiert war, erinnert eine Bronzeskulptur um »Kaspars Baum« an sein bis heute rätselhaftes Leben. Weitere interessante Stationen sind die St.-Gumbertus-Kirche, in der Kaspar Hauser im Mai 1833 unter regem Interesse der Ansbacher Bevölkerung konfirmiert wurde, und die ehemalige markgräfliche Kanzlei im Appellationsgericht, wo ihn kein Geringerer als Anselm von Feuerbach als Schreiber beschäftigte. Auf dem Weg zum Hofgarten kommt man am ehemaligen Präsidialgebäude vorbei, wo Regierungspräsident Stichaner mit seiner Familie wohnte, die Kaspar Hauser oft zum Besuch empfing. Etwas weiter entfernt, aber ebenfalls sehenswert ist der Stadtfriedhof, auf dem Kaspar Hauser, unter großer öffentlicher Anteilnahme, beerdigt worden ist.

Rätselhaft in Geburt und Tod, versuchen auch die Ansbacher Kaspar-Hauser-Festspiele Leben und Sterben des berühmten »Findlings« alle zwei Jahre im August (in Abwechslung mit der Bachwoche) zu ergründen.

Kaffeetrinken beim Barista-Weltmeister, Kaffeeschule, Barista-Lehrgänge, www.greenandbean.de
Web: www.ansbach.de, www.kaspar-hauser-ansbach.de

Sonstiges: Markgrafen-Museum, Kaspar-Hauser-Platz 1, 91522 Ansbach, Tel. 09 81/9 77 50 56 Öffnungszeiten: Okt.–April Di–So 10–17, Mai–Sept. tgl. 10–17 Uhr; 2,50 €,

erm. 1 €, Führungen für Gruppen ab 10 Personen nach Vereinbarung

Unterwegs auf den Karpfenradwegen

Im Aischgrund dreht sich alles um den Karpfen – selbst die Radwege sind nach ihm benannt. Naheliegend, denn es geht entlang der ungezählten Karpfenweiher, die seit Jahrhunderten das Landschaftsbild prägen. Schon im Mittelalter wanderte der beliebte Süßwasserfisch, der aus Asien stammt und bereits den Römern bekannt war, in die fränkischen Kochtöpfe. Da er nur wenig Sauerstoff braucht und sich mit niedrigen Gewässern zufriedengibt, war er ideal für die regenarme Region. Allerdings konnten sich nur Adel und Klöster das teure Nahrungsmittel leisten. Bei den Mönchen und Nonnen stand er in den langen Fastenzeiten als ersehnte Abwechslung auf dem Speiseplan. Da sie nur essen durften, was nicht über den Tellerrand ragte, züchteten sie ihm seinen hohen Buckel an. Bis heute kommt der Spiegelkarpfen im Aischgrund gebogen auf die Teller.

Das weitverzweigte Radwegenetz im flachen Karpfenland, in dem auch Hechte, Zander, Welse und Schleien gezogen werden, ist ideal für Genießer und Familien. Die Hauptroute verläuft 80 km von Erlangen bis nach Dinkelsbühl, wo der Dinkelsbühler Karpfen zu Hause ist; lokale Rundwege laden zu kleineren Erkundungen ein. Neben den Teichen gibt es Storchennester und viele kleine Schlösser zu entdecken. Vor allem aber den Karpfen! Im September startet die Saison. Dann werden die Tiere, nach drei Jahren Mastzeit, abgefischt und bleiben, traditionell nur in den R-Monaten, bis April auf den Speisekarten der Lokale. »Von Septem-

KARTE ▶ D4

Was: Radeln und Einkehren auf den Karpfenradwegen im Aischgrund
Wo: zwischen Höchstadt an der Aisch und Bad Windsheim; Touristeninformation: Stadtverwaltung Höchstadt, Abteilung Fremdenverkehr, Marktplatz 5, 91315 Höchstadt, Tel. 0 91 93/62 60, www.hoechstadt.de
Essen & Trinken: Gasthaus Blauer Löwe, Schillerplatz 8, 91315 Höchstadt, Tel. 0 91 93/5 03 32 38, www.gasthaus-blauer-loewe.de, hauseigenes Bier, Di–Sa 11–24 Uhr, So 10–15 Uhr; Café Aischblick, Große Bauerngasse

Karpfenteich mit Hecht: Fische aus Franken darf man mit gutem Öko-Gewissen genießen.

ber bis April weiß jeder Franke, was er will«, heißt es denn auch. Karpfen blau, gebacken, geräuchert, als Pastete oder Sülze – der Vielfalt sind keine Grenzen gesetzt. Die Aischgründer Karpfenschmeckerwochen finden zwar von Anfang September bis Anfang November statt, doch auch im Frühjahr macht sich der Aischgründer Spiegelkarpfen gut zum fränkischen Spargel oder einer frischen Meerrettichsoße.

Das größte, vier Tonnen schwere Exemplar gibt es in Höchstadt direkt am Radweg zu bewundern, es ist – aus Muschelkalk – zum Wahrzeichen der Region geworden. Und spätestens im Karpfenmuseum im alten Zollernschloss in Neustadt an der Aisch kommt man in Sachen Karpfen aus dem Staunen nicht mehr heraus. Wussten Sie, dass der beliebte fränkische Speisefisch selbst gar keinen Magen hat? Dass ihn der Franke vom Schwanz zum Kopf hin verspeist? Und dass man mit seinen Schuppen Handtaschen verzieren kann? Im Karpfenland heißt es also nicht nur radeln und genießen, sondern auch Entdeckungen machen und mit vielen neuen Eindrücken nach Hause kehren.

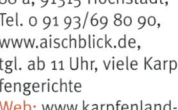 88 a, 91315 Höchstadt, Tel. 0 91 93/69 80 90, www.aischblick.de, tgl. ab 11 Uhr, viele Karpfengerichte
Web: www.karpfenland-aischgrund.eu,

www.karpfenradwege.de
Sonstiges: Aischgründer Karpfenmuseum im Alten Schloss, 91413 Neustadt an der Aisch, Sa 10.30–13, So 14–17, Di 19–21 Uhr, Tel. 0 91 61/6 66 14,

www.karpfenmuseum.de; Karpfenschmeckerwochen im Landkreis Bad Windsheim-Neustadt an der Aisch, www.karpfenschmeckerwochen.de

Dem Sonnenschein auf der Spur

Schon auf den ersten Blick bezaubert Röttingen mit seinem historischen Stadtkern. Die mittelalterliche Stadtmauer mit ihren sieben gut erhaltenen Wehrtürmen umschließt hübsche Fachwerkhäuser und das prächtige barocke Rathaus am Marktplatz. Dort beginnt auch der rund 2 km lange Sonnenuhren-

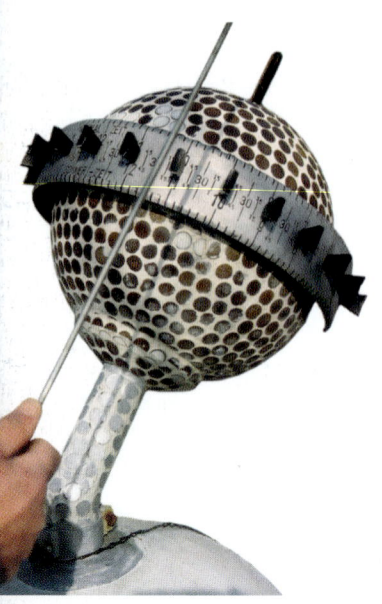

weg, dem entlang es ca. 30 einzigartige Zeitmesser zu bestaunen gibt. Wer ihn begehen möchte, sollte sich ein wenig Zeit nehmen, um es nicht nur bei einem schnellen Blick auf die Uhr zu belassen. Kurt Fuchslocher, ein Schlossermeister aus Mergentheim, hat in seiner Freizeit die verschiedensten Sonnenuhrentypen entworfen – von der zusammenklappbaren Taschenversion über die optische Glaskugelsonnenuhr bis hin zur kirchturmadäquaten Präzisionssonnenuhr –, die allesamt in Röttingen erforscht werden können. Wem der Sinn nach noch mehr aktiver körperlicher Betätigung steht, der sollte den Museumsweinberg erkunden. Als Pfahlweinberg wie im 19. Jh. angelegt, dokumentiert dieser häppchenweise auf Schritt und Tritt und einer Fläche von 1800 qm mit drei Parzellen »Großvater Weinberg«, interessantes Wissen zu Wein und Rebstock, aber auch zur Geologie und zur Geschichte. Wen es nach mehr Wissen um den Wein dürstet, dem empfiehlt sich das Weinmuseum auf Burg Brattenstein.

Spiel mit Licht und Schatten: Sonnenuhren aller Art auf dem Sonnenuhrenweg.

KARTE ▶ C5

Was: Sonnenuhrenweg und Museumsweinberg
Wo: 97285 Röttingen
Wann: ganzjährig
Essen & Trinken: Gasthof Zur Heckenwirtschaft, Herrnstraße 18, 97285 Röt-

tingen, Tel. 0 93 38/4 13
Web: www.roettingen.de, www.festspiele-roettingen.de
Sonstiges: Der Burghof der Burg Brattenstein bildet alljährlich von Mai bis

Mitte Aug. die Kulisse für die bekannten Röttinger Festspiele – Freilichttheater für Erwachsene (Juni bis Mitte Aug.) und Kinderfreilichttheater (Mai–Juni).

Sturz ins Nichts

Lust auf eine Extradosis Adrenalin? Es braucht schon eine gehörige Portion Mut, sich aus 3000 m Höhe aus einem Flugzeug in die Tiefe zu stürzen und dann im freien Fall und mit einer Geschwindigkeit von bis zu 200 km/h der Erde entgegenzurasen – bis einer nach etwa 30 bis 40 Sekunden die Reißleine zieht und die Höllenfahrt bremst: Mit einem Ruck öffnet sich in einer Höhe von rund 1500 m der Fallschirm aus dem kleinen Rucksack auf dem Rücken des Springers, und er schwebt mit sachten 20 km/h in fünf bis acht Minuten langsam dem Boden entgegen – und kann in aller Ruhe aus der Vogelperspektive den Blick über den Landkreis Würzburg gleiten lassen. Seit 1986 bietet der Fallschirmspringerclub Oberhausen in seinem Ausbildungszentrum derlei Nervenkitzel für Hobbyjumper an. Doch die Wagemutigen werden auch im Zeitalter der Extremsportarten beim Sprung in die Tiefe nicht allein gelassen, sondern dürfen auf die Erfahrung professioneller Tandempiloten vertrauen, mit denen sie in der Luft fest verbunden bleiben. Wen der freie Fall so fasziniert, dass er ihn gerne öfter erleben möchte, kann diesen Abenteuersport auch richtig erlernen.

KARTE ▶ C5

Was: Fallschirmspringen und Tandemsprung
Wo: Fallschirmsportspringerclub Oberhausen e. V. Oberhausen 4, 97283 Riedenheim, Tel. o 93 38/9 98 53
Wann: Sa, So und feiertags sowie nach Vereinbarung
Wie viel: Tandemsprung ab 195 €, AFF-Ausbildungskurs 1740 €, AFF-Schnuppersprung 400 €
Essen & Trinken: Getränke vor Ort; So Kaffee und Kuchen im Vereinsheim; Gaststube Nepomuk, Hauptstraße 30, 97283 Riedenheim, Tel. o 93 38/15 33
Web: info@skydivecity.de, www.skydivecity.de

Auf in den Kampf! In Weikersheim trifft sich der hoffnungsvolle Opernnachwuchs.

Von Weikersheim an die Met

Sie haben den Klang von Flöten im Ohr? Meinen Geigen zu hören, die im Schloss zum Tanze aufspielen? Wo einst Fürsten residierten, ist heute das Mekka für jährlich 8000 junge Musikerinnen und Musiker, die an Gesangs- und Kompositionswettbewerben oder dem »Children's Cello Camp« teilnehmen. Jeden zweiten Sommer wird der Schlosshof außerdem zur Opernbühne. In einem der schönsten deutschen Renaissance-Schlösser, das schon allein durch seine Lage an den Tauberwiesen, mit der barocken Orangerie und dem Lustgarten entzückt, genießen die Besucher aus Nah und Fern dann die charmant-spritzigen Aufführungen der Jungen Oper Schloss Weikersheim vor einzigartiger Kulisse. Den Absolventen der Opernakademien und zukünftigen Opernstars wird die Gelegenheit gegeben, ihr Können in professionellem Rahmen zu erproben, bevor es auf die Bühnen der Welt geht. Die Zuhörer wiederum erfreuen sich daran, die Newcomer hautnah erlebt und die hochwertige Nachwuchsarbeit der Jeunesse musicale unterstützt zu haben, die seit 60 Jahren unter europäischem Dach geleistet wird.

Vor den Aufführungen lohnt es sich, über den hübschen Weikersheimer Marktplatz zu flanieren, dem Bauernmuseum einen Besuch abzustatten und natürlich das Schloss und seinen Garten zu besichtigen. Einmalig ist der Rittersaal, der sich mit einer frei hängenden Kassettendecke über zwei Stockwerke erstreckt.

KARTE ▶ B5

Was: Junge Oper, Jeunesse Musicale Deutschland
Wo: Marktplatz 12, 97990 Weikersheim, Tel. 0 79 34/ 9 93 60
Wann: Aufführungen alle zwei Jahre Ende Juli, das nächste Mal 2013
Wie viel: 16–36 €
Essen & Trinken: Restaurant Hotel Laurentius, Marktplatz 5, 97990 Weikersheim, Tel. 0 79 34/9 10 80, www.hotel-laurentius.de
Web: www.jeunesses musicales.de, www.oper-weikersheim.de
Sonstiges: Bewerbungen für Opernworkshops und musikalische Weiterbildungen unter www.jmd.info

Wo die wilden Tiere wohnen

Wie schnell rennt ein Bär? Wer stand schon mal Auge in Auge mit einem Wolf? Und wer kennt die Jäger der Nacht oder den König des Waldes? »Tiere sehen und erleben« lautet das Motto im Wildpark Bad Mergentheim, in dem auf einer Gesamtfläche von insgesamt 35 ha mehr als 70 Tierarten angesiedelt sind. Das macht ihn zu einem der artenreichsten in ganz Europa. Natürlichkeit steht im Vordergrund, und so gibt es auch kaum Maschendraht, Käfige oder Gitter – fast alle Gehege sind mit kaum wahrnehmbaren Begrenzungen und natürlichen Materialien erbaut, und viele sind für die Besucher offen.

Zweimal täglich können diese die Tierpfleger bei ihren etwa zweistündigen Fütterungsrundgängen begleiten und Fischotter, Bären, Luchse und viele andere Tiere aus nächster

Nähe beobachten: Da wird es so manchem etwas mulmig, wenn sich das 30-köpfige Wolfsrudel mit lautem Heulen zusammenruft oder direkt über den Köpfen der Besucher Steppenadler kreisen.

Im parkeigenen Bauernhof lernt man nicht nur die alten Haustierrassen kennen, sondern erlebt auch, was früher Alltag war und wie Zugochsen oder Rückepferd für die Arbeit eingesetzt wurden.

Aug' in Auge mit dem Wolf – im Wildtierpark kommt man seltenen Arten sehr nahe.

KARTE ▶ B5

Was: Wildtierpark
Wo: »Fauna« Wildpark GmbH, Wildpark 1, 97980 Bad Mergentheim, Tel. 0 79 31/4 13 44
Wann: Mitte März–Anfang Nov. tgl. 9–18 Uhr; letzter Einlass: 16.30 Uhr; mit den Tierpflegern unterwegs: ab 9.45 und 13.30 Uhr; Anfang Nov.–Mitte März Sa, So und feiertags 10.30–17 Uhr; letzter Einlass 16 Uhr; mit den Tierpflegern unterwegs: ab 10.40 und 13.30 Uhr
Essen & Trinken: Jägerstüble und Waldschänke im Wildpark
Web: www.wildtierpark.de, www.wipaki.de

Im Lieblichen Taubertal auf Touren kommen

Eine Tatsache ist wohl unangefochten: Tauberbischofsheim präsentiert sich mindestens ebenso agil wie die berühmten Fechtsportler, die die Stadt weltweit bekannt machten.

Egal, ob auf Schusters Rappen, zwei Rädern oder acht Rollen, für jeden Konditionstyp ist etwas dabei. Zum Aufwärmen empfiehlt sich ein »Bischemer Altstadtrundgang«. Wer weiterwandern will, hat die Qual der Wahl zwischen zahlreichen Rundwanderwegen um die Stadt, dem Panoramawanderweg Taubertal oder dem Jakobsweg.

Auf der Radroute »Liebliches Taubertal« kommen Radler auf 110 km auf Touren. Wer die »Romantische Straße« wählt, dem präsentieren sich landschaftliche und kulturelle Kostbarkeiten wie am Fließband. Alternativ können Pedalritter den Main-Tauber-Fränkischen »Rad-Achter«, den »Odenwald-Madonnen-Radweg« oder die nähere Umgebung von »TBB by Bike« (30 km) erobern. Mountainbiker starten zur Tour »Links der Tauber«. Freunde der acht Rollen skaten auf Inlinern durch die Tauberwiesen.

Der Marktplatz: eingerahmt vom neugotischen Rathaus und hübschen Fachwerkhäusern.

KARTE ▶ B4

Was: Wandern, Radeln, Skaten, Stadtrundgang
Wo: in und um Tauberbischofsheim
Wann: ganzjährig
Essen & Trinken: Badischer Hof, Hauptstraße 70,

97941 Tauberbischofsheim, Tel. 0 93 41/98 80, www.hotelbadischerhof.de
Web: www.tauberbischofsheim.de, www.lieblichestaubertal.de
Sonstiges: Bischemer Alt-

stadtrundgang mit dem »Turmwächter« von Ostern bis Ende Okt., immer Mo 15 Uhr in der Tourist-Information im Rathaus am Marktplatz; 2 €, Kinder bis 14 Jahre 1 €

Ein Kontrollgang am Limes macht auch einen modernen Legionär durstig.

Im Sattel durch die römische Geschichte

Der äußere Obergermanisch-Rätische Limes ist mit 550 km Länge, 900 Wachposten und 120 größeren und kleineren Kastellen eines der beeindruckendsten archäologischen Denkmäler Mitteleuropas. Heute kann man entlang der Deutschen Limesstraße auf den Spuren der Römer auf Touren kommen. Auch der Limes-Radweg folgt dem Grenzwall und verbindet zahlreiche Sehenswürdigkeiten. Lohnenswertes Etappenziel ist Walldürn, wo man bei einer unterhaltsamen Führung Geschichte einmal anders erleben kann: Zertifizierte und in historische Gewänder gekleidete Limes-Cicerones vermitteln einen lebendigen Eindruck vom römischen Alltag am Rande des Imperiums. Geschichte hautnah gibt es auch im konservierten Römerbad oder am Kleinkastell »Haselburg« bei Walldürn-Reinhardsachsen. Wer einen Sprung in die jüngere Geschichte wagen möchte, der sollte für die Erkundung der Altstadt oder den Weg zum Märzenbrünnle vom Fahrradsattel auf die Postkutsche von 1730 umsteigen. Für jene, die es noch uriger mögen, sind Planwagenfahrten im Angebot und Geopark-vor-Ort-Führer zeigen dem heutigen Nachwuchs, wie einst römische Kinder spielten.

KARTE ▶ A5

Was: Ausflug entlang des Limes
Wo: Walldürn auf der Etappe von Miltenberg über Osterburken nach Lorch
Essen & Trinken: »Zum Burgtörle« (mit Biergarten), Hauptstr. 17, 74731 Walldürn, Tel. 0 62 82/9 54 04
Web: www.wallduern.de, www.limesstrasse.de, www.geo-naturpark.de
Sonstiges: in Walldürn: berühmte Wallfahrtsbasilika mit Alabasteraltar von Zacharias Junker, Stadt- und Wallfahrtsmuseum, historisches Rathaus und Odenwälder Freilandmuseum in Walldürn Gottersdorf

Altstadtspaziergang

Der Buntsandstein charakterisiert das Mainviereck. Rot leuchten an seinem linken Knie nicht nur die Berghänge, sondern auch die Kirchtürme der Stadtpfarrkirche des alt-ehrwürdigen Miltenberg mit der Mainbrücke davor. Ein Spaziergang auf der Fußgängerzone, die parallel zum Fluss verläuft, führt am ältesten deutschen Gasthaus, dem Riesen, vorbei, bis zum berühmten, viel fotografierten Schnatterloch kurz vor der Mildenburg. Dieser steil ansteigende Markt diente ursprünglich als Regenrinne von den waldigen Odenwaldhängen hinab zum Main.

Der Marktplatz am Schnatterloch bildet das romantische Zentrum Miltenbergs.

Wer in der Umgebung wandern will, hat dazu viele Möglichkeiten. Nur 3 km ist der Blindengarten der Landgaststätte Parkhof auf dem Gelände eines ehemaligen römischen Kastells entfernt. Ab der Tourist-Information am Rathaus kann man dem »gelben W« hoch zum Engelberg auf der anderen, der fränkischen Mainseite folgen. Über die Mainbrücke geht es hinter den Bahngleisen in die Weinberge und, das Maintal immer im Blick, weiter durch den Wald zum Kloster Engelberg, das seit 1828 von Franziskanern bewirtschaftet wird. Alternativ gibt es von der Rotweinortschaft Großheubach mit ihren vielen Häckerwirtschaften 612 »Engelsstaffeln«, die 1637 aus Buntsandstein hoch zur Wallfahrtskirche und dem Kloster angelegt wurden; der wahre Büßer nahm sie kniend. Heute pilgern die Freunde des Frankenweins und des Klosterbiers den Berg hinauf. Denn hat man den Aufstieg erst einmal bewältigt, gibt es zur Belohnung nicht nur eine grandiose Aussicht, sondern zum rustikalen Käsebrot in der Klosterschänke das leckere Klosterbier, das inzwischen vom Kreuzberg aus der Rhön importiert wird. Ruhe lässt sich in der Wallfahrtskirche und im Franziskusgarten finden.

KARTE ▶ A4 ✕ 🚶 🏛

Was: Stadtbesichtigung Miltenberg und Wanderung zum Kloster Engelberg
Wann: ganzjährig
Essen & Trinken: Klosterschänke Kloster Engelberg: Sommer Di–So 10–20 Uhr; Landgaststätte Parkhof, Altstadtweg 8, 63897 Miltenberg-Kleinheubach, Tel. 0 93 71/95 95 84, tgl. 11–22, Winter ab 12 Uhr
Web: www.kloster-engelberg.de
Sonstiges: Der Weihnachtsmarkt in Miltenberg findet an den Adventswochenenden jeweils Fr 14–20 und Sa, So 11–20 Uhr statt.

Barocke Pracht am Nibelungensteig

Auf historischen Pfaden deutscher Sagen wandert man über den Nibelungensteig von Zwingenberg nach Freudenberg. Anspruchsvoll sind die 125 km, auf denen es mehr als 4000 Höhenmeter zu überwinden gilt. Für jeden Tropfen Schweiß, den die heldenhaften Eroberer heutzutage auf dem Weg vergießen, werden sie durch traumhafte Ausblicke entschädigt.

Inmitten der Idylle des UNESCO-Geoparks Bergstraße-Odenwald findet sich ein barockes Juwel: Amorbach mit seiner romantischen, unter Denkmalschutz stehenden Altstadt. Sehenswert sind das Templerhaus, die ehemalige Benediktinerabtei mit prunkvoller Bibliothek und die Abteikirche. Dem Auge bietet sich üppiges Rokoko, ein Genuss für die Ohren ist es, wenn die weltberühmte Stumm-Orgel erklingt.

Den Nibelungen weiter auf die Spur begibt man sich auf dem Weg zum Gotthardsberg mit der Ruine der Pfeilersbasilika und zu den sagenumwobenen Siegfriedquellen.

Blick auf die historische Altstadt von Amorbach mit seiner Benediktinerabtei.

KARTE ▶ A4

Was: Wandern auf dem Nibelungensteig
Wo: Amorbach
Wann: ganzjährig
Essen & Trinken: Restaurant Schmelzpfanne, Schenkgasse 14,

63916 Amorbach, Tel. 0 93 73/6 46, Küche geöffnet 11.30–14 und 17.30–21.30 Uhr, www.schmelzpfanne.de
Web: www.amorbach.de, www.nibelungensteig.info,

www.fuerst-leiningen.de
Sonstiges: Die Fürstlich-Leiningensche Verwaltung veranstaltet in der prunkvollen Abteikirche jährlich eine Konzertreihe. Ein Besuch lohnt sich!

Eines der Kalkgebilde in der Eberstadter Tropfsteinhöhle heißt »Hochzeitstorte«.

Bizarre Wunderwelt

Nicht schlecht staunten die Arbeiter, als sich am 13. Dezember 1971 nach Sprengarbeiten im Muschelkalksteinbruch im Buchener Stadtteil Eberstadt der Pulverdampf legte: Da klaffte im Fels ein 1 m hoher und 2 m breiter Spalt, der den Einstieg in eine bizarre Wunderwelt freigab.
Durch einen Zufall legten sie den Zugang zu einem Naturdenkmal von atemberaubender Schönheit offen: die Eberstadter Tropfsteinhöhle. Nicht weniger erstaunt als die Entdecker einst selbst sind heute die im Jahr rund 75 000 Besucher der Höhlenwelten von der faszinierenden Vielfalt der Tropfsteine, den spektakulären Formen von Stalaktiten und Stalagmiten. Rund 600 m schlängelt sich der mühelos begehbare Teil der Höhle durch die Unterwelt, führt – zwischen 2 und 8 m Breite und Höhe – bei konstant 11 °C und 95 Prozent Luftfeuchtigkeit durch enge Schluchten.
Wer die Sinterbarriere passiert, begibt sich auf die Spur der »Weißen Frau von Eberstadt«, sieht einen »Elefantenrüssel« auf der Suche nach Wasser und blickt auf den Sinterkegel des »Vesuv«. Ein besonderer Genuss kommt fast zum Schluss: die prächtige »Hochzeitstorte«, die durch mehrstöckiges Sintergebilde fast bis zur Höhlendecke reicht. Sanfte Beleuchtung rückt die Formationen ins rechte Licht. Doch Vorsicht vor dem Haifischrachen, einer bizarren Tropfsteinlandschaft, zu der sich die Höhle danach verzweigt und dann noch 30 m weiter führt.

KARTE ▶ A5

Was: Eberstadter Tropfsteinhöhle
Wo: Buchen-Eberstadt
Wann: März–Okt. 10–16 Uhr, Nov.–Febr. Sa, So und feiertags 13–16 Uhr
Wie viel: 3,50 €, Gruppen (ab 20 Erw.) 3 €/Pers., Kinder/Jugendl. 3–6 Jahre 2 €, 7–15 Jahre 2,50 €; Sonder- und Themenführungen möglich
Essen & Trinken: Hotel-Restaurant Reichsadler, Walldürner Straße 1, 74722 Buchen, Tel. 0 62 81/5 22 60, www.hotel-reichsadler.de
Web: www.eberstadter-tropfsteinhoehle.eu, www.buchen.de

Wissenschaft entdecken, erleben, erkennen

Wie lassen sich Naturphänomene erklären, wie wird Abstraktes vorstellbar? Unter dem Leitspruch »entdecken, erleben und erkennen« macht das Science Center »experimenta« Naturwissenschaften und Technik begreif- und erlebbar. An erster Stelle steht dabei immer das Ausprobieren: Lernen bedeutet hier, spielend die eigenen Interessen und Talente herauszufinden. In vier aufwendig inszenierten Themenwelten erLEBT der Besucher anhand von 150 interaktiven Exponaten die Bereiche Energie und Umwelt, Technik und Innovation, Mensch und Kommunikation sowie Mensch und Freizeit. In den Talentschmieden können ungeahnte Fähigkeiten entdeckt, entwickelt und vertieft werden. Nach Herzenslust experimentieren können Nachwuchsforscher unter pädagogischer Anleitung in drei Labors und zwei Ateliers. Dazu gibt es Experimentalshows und regelmäßig Workshops zu diversen Themen.

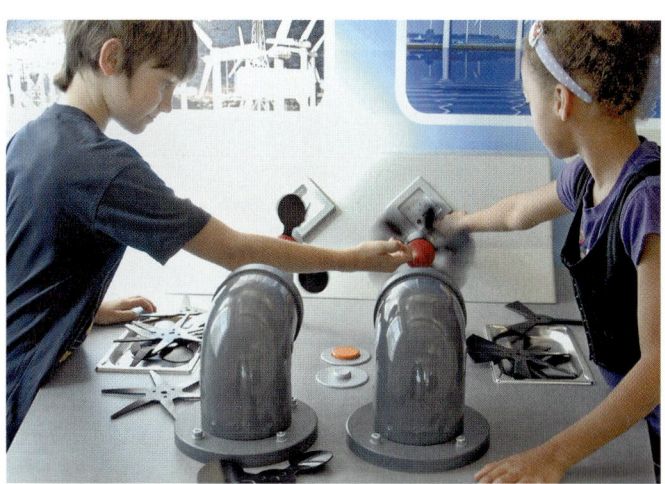

Die Kinder erleben hier alles hautnah: Ausprobieren strengstens erlaubt!

KARTE ▶ A6

Was: Science Center experimenta
Wo: Kranenstraße 14, 74072 Heilbronn, Tel. 0 71 31/88 79 50
Wann: ganzjährig Mo–Fr 9–18, Sa, So und feiertags 10–19 Uhr, 24., 25. und 31. Dez. geschl.
Wie viel: 9 €, Kinder bis 5 Jahre frei, erm. 5 €, Familien (zwei Erw. mit Kindern) 25 €, Kindergartengruppen freier Eintritt, Schulklassen 4 € pro Kind (zwei Begleitpersonen pro Klasse frei)
Essen & Trinken: Bistro Melaverde, Biergarten
Web: www.experimenta-heilbronn.de

Wissenswertes über Würzburg und Mainfranken

von links nach rechts:
Saunen in der Obermain-Therme ▸ S. 76
Museum Shalom Europa ▸ S. 55
Das begehbare Herz in der Kinder-Akademie Fulda ▸ S. 14
Im 3D-Museum in Dinkelsbühl ▸ S. 93

Veranstaltungskalender

An die 200 Weinfeste werden zwischen Juni und Oktober in den vielen sehenswerten Ortschaften im Fränkischen Weinland veranstaltet, dazu kommen von Juli bis November die mehrtägigen Kirchweihen und Messen. Alle Termine finden Sie unter: www.fraenkischer-weinfestkalender.de/termine/ und www.fraenkisches-weinland.de, die Termine der angrenzenden Regionen unter www.lieblichestaubertal.de und www.churfranken.de

JANUAR

Rad-Wintermarathon »Ride der Eisbär«
Im Landkreis Kitzingen wird dem Weihnachtsspeck mit Mountainbike, Trekking- oder Crossrad der Kampf angesagt. Ob 50, 75 oder 100 km, Hauptsache aufs Rad und durchs auch im Winter schöne Weinland.
2. Samstag im Jan.,
www.ride-dereisbaer.de

Bronnbacher Neujahrskonzert
Am letzten Sonntag im Januar lädt der Förderkreis Bronnbacher Klassik e.V. zur hochkarätigen Neujahrsgala.
www.kloster-bronnbach.de

FEBRUAR

Fastnacht in Franken
In der fränkischen Fastnachtshochburg Veitshöchheim finden die Prunksitzung des Fastnacht-Verbandes Franken mit Prominenz der bayerischen Politik und eine Kinderprunksitzung statt.
www.fastnacht-verband-franken.de

MÄRZ

Kunsthandwerker- und Designermarkt Kloster Bronnbach
Die Saison der Kunsthandwerkermärkte beginnt im Kloster Bronnbach unter dem Motto »Unikat sucht Liebhaber« mit einer erlesenen Auswahl an professionellen Künstlern.
Wochenende Mitte März,
www.kloster-bronnbach.de

Internationales Filmwochenende Würzburg
Ein Wochenende lang werden in Würzburg aktuelle Filme abseits des Mainstreams gezeigt. Spielfilm- und Kurzfilmpreise werden am Ende vergeben, ebenso ein Preis für die beste Dokumentation, ermittelt per Stimmkarte durch das Publikum.
Ende März, www.filmwochenende.de

April

Fledermausführungen
Von April bis September lädt die Biologin Caroline Holch dazu ein, bei einem Abendspaziergang Fledermäusen zu begegnen, z. B. in Aschaffenburg, Schweinfurt, Würzburg.
www.caroline-holch.de

Mai

Klein Montmartre Würzburg
Zum Kunsthandwerkermarkt auf der Alten Mainbrücke kommen die Aussteller zweimal im Jahr zusammen.
Sa Anfang Mai und Sa Anfang Okt., www.salon77.de

Artbreit in Marktbreit
Beim Kunstfest , das alle zwei Jahre am Wochenende vor Pfingsten in Marktbreit veranstaltet wird, wird eine ganze Stadt zur Galerie!
www.artbreit.de

Africa Festival Würzburg
Tausende von Afrikaliebhabern kommen jährlich zum größten Festival für afrikanische Musik und Kultur in Europa an den Main.
Ende Mai/Pfingsten, www.africafestival.org

Juni

Mozartfest Würzburg
Ein vielfältiges Programm internationaler Künstler an bis zu 20 Veranstaltungsorten.
Mehrere Wochen, www.mozartfest.de

Rosenblüten- und Lichterfest Creglingen
Am Romschlössle genießt man die Blütenpracht des Rosengartens und kulinarische Spezialitäten. Vorträge, Führungen, Rosenmarkt, Eintritt frei.
Mitte Juni, www.creglingen.de

Juni/Juli

Clingenburg-Festspiele
Auf der Naturbühne der Klingenberger Burg hoch über dem Main werden zwischen Wald und Reben seit 1994 jährlich Theaterstücke und Musicals zur Aufführung gebracht.
Mehrere Wochen, www.clingenburg-festspiele.de

Kissinger Sommer
Weltstars der Klassik wie Cecilia Bartoli und David Garrett, Nachwuchskünstler und internationale Orchester sind zu Gast in Bad Kissingen.
Vier Wochen, www.kissingersommer.de

Das DB-Museum in Nürnberg zeigt Exponate aus 150 Jahren Eisenbahngeschichte.

Juli

Rokoko-Festspiele Ansbach

Höfisches Treiben wie zur Zeit des Markgrafen Carl Wilhelm Friedrich von Brandenburg-Ansbach vor der imposanten Kulisse der Orangerie im Hofgarten, z. B. beim Maskenfest.
1. Woche im Juli,
www.rokoko-festspiele.de

Historisches Festspiel »Die Kinderzeche« Dinkelsbühl

Die Legende der Stadtrettung im Dreißigjährigen Krieg wird jedes Jahr neu von über 1000 Bürgerinnen und Bürgern in Szene gesetzt; mit Schwedenlager vor den Stadttoren, Festumzug, Volksfest u. v. m.
Zwei Wochenenden im Juli,
www.kinderzeche.de

Internationales Sambafestival Coburg

Heiße Rhythmen auf historischen Plätzen, was will man mehr?!
Wochenende Mitte Juli,
www.samba-festival.de

Haßfurter Meefest

Großes Volksfest auf dem Festplatz Gries am Main mit Blaskapellen, fränkischen Leckereien und einem Stadtlauf am Sonntagmorgen.
Wochenende Mitte Juli,
www.hassfurter-meefest.de

Scherenburgfestspiele Gemünden am Main

Beliebte Theateraufführungen im Innenhof der Ruine Scherenburg hoch über dem Main.
Fünf Wochen von Anfang Juli bis Mitte Aug., www.scherenburgfestspiele.de

Umsonst und draußen Karlstadt am Main

27 Bands, drei Tage, kostenlos!
Wochenende Ende Juli,
www.umsonstunddraussen.de

Junge Oper Schloss Weikersheim

Absolventen der Musikakademien zeigen auf der Freilichtbühne in Schloss Weikersheim ihr Können.
Alle zwei Jahre, Ende Juli, nächster Termin 2013, www.oper-weikersheim.de

Lohrer Spessartfestwoche

Eines der bedeutendsten Volksfeste Unterfrankens mit Rummelplatz und großem Bierzelt an der Mainlände.
10 Tage lang Ende Juli/Anfang August,
www.spessartfestwoche.de

August

Kommz Musikfestival, Aschaffenburg

Im Nilkheimer Park wird alljährlich Klein-Woodstock gefeiert.
Wochenende Anfang Aug.,
www.kommz.de

Taubertal Festival, Rothenburg ob der Tauber

Drei Tage lang treten bekannte internationale Rockbands an der Tauber auf.
Wochenende Mitte Aug.,
www.taubertal-festival.de

Sandkirchweih Bamberg

Seit über 60 Jahren wird zu Ehren der heiligen Elisabeth in und um die Bamberger Sandgasse mit bis zu 250 000 Gästen gefeiert.
Fünf Tage Ende Aug.,
www.sandkerwa.de

SEPTEMBER

Casteller Weinwandertag

Wandern durch die Weinberge und Verkostung an den Weinstationen aller Casteller Winzer; dazu Schlosskeller- und Gartenführungen.
1. Sonntag im Sept., www.castell.de

Tag des offenen Denkmals

Am zweiten Sonntag im September kann man sonst nicht zugängliche historische Gebäuden in ganz Deutschland besuchen.
www.tag-des-offenen-denkmals.de

Internationales Straßenmusikfestival Würzburg

350 Künstler aus aller Welt bevölkern Würzburgs Straßen und Plätze.
2. Wochenende im Sept.,
www.stramu-wuerzburg.de

Töpfermarkt Sommerhausen

18 streng ausgewählte Töpfer zeigen ihre Waren.
Wochenende in der 2. Septemberhälfte,
www.sommerhausen.de

Korbmarkt Lichtenfels

Mit Livemusik und Flechtvorführungen feiert sich die Korbstadt selbst.
3. Wochenende im Sept.,
www.lichtenfels-city.de

OKTOBER

Rhöner Wurstmarkt, Ostheim vor der Rhön

Als Feinschmeckermesse versteht sich der Rhöner Wurstmarkt, bei dem 50 Metzger und Direktvermarkter des Bioreservats Rhön ihre handwerklich hergestellten Waren anbieten. Kinder dürfen Apfelsaft pressen.
Alle zwei Jahre Mitte Okt., nächster Termin: 13./14. Okt. 2012,
www.rhoener-wurstmarkt.de

Bamberger Museumsnacht

13 Museen öffnen in Bamberg und Umgebung bis 1 Uhr ihre Pforten.
Mitte Okt., www.museum.bamberg.de

Fischerntewoche Dinkelsbühl

Karpfen satt im Karpfenland!
Neun Tage Ende Okt., Anfang Nov.,
www.fischerntewoche.de

NOVEMBER

Destillatsmesse desta Volkach

Die Vielfalt edler Brände erleben und mit den Produzenten ins Gespräch kommen.
Wochenende Mitte/Ende Nov.,
Volkach, Mainschleifenhalle,
www.volkach.de

DEZEMBER

Stimmungsvolle Weihnachtsmärkte gibt es in der gesamten Region, z.B. in Arnstein, Gemünden, Himmelstadt, Kitzingen, Kloster Bronnbach, Rothenburg ob der Tauber, Sommerhausen, Weikersheim, Würzburg.

Wertheimer Weihnachtsausstellung

Vom 1. Advent bis zum 6. Januar präsentiert das Glasmuseum historischen Christbaumschmuck aus Böhmen und Thüringen. Außerdem darf man mit der Hilfe eines Glasbläsers seine eigene Christbaumkugel für zu Hause blasen.
www.glasmuseum-wertheim.de

Weitere Museen in Mainfranken und Umgebung

AMORBACH
Mutter – Museum für Kunst
Genau 2467 Teekannen, 1280
Mickeymäuse und einige andere
humoristische Sammlungen.
Wolkmannstraße 2, 63916 Amorbach,
Tel. 0 93 73/9 90 81, www.amorbach-
mutter.de; zurzeit nur für Gruppen ab 12
Personen nach Vereinbarung geöffnet

BAMBERG
E.T.A.-Hoffmann-Haus
Von 1809 bis 1813 wohnte E.T.A.
Hoffmann in diesem Haus.
Schillerplatz 26, 96047 Bamberg,
www.etahg.de
1. Mai–1. Nov. Di–Fr 15–17, Sa, So,
feiertags 10–12 Uhr

DETTELBACH
Kunstmuseum Pilger & Wallfahrer
Ob auf dem Jakobsweg oder in den
Sinai, das Museum Dettelbach
sammelt in modernem Ambiente
Erinnerungsstücke von Pilgerreisen
und alles rund um die Dettelsba-
cher Wallfahrt. Sehr sehenswert!
Im Kultur- und Kommunikationszentrum
Dettelbach, Rathausplatz 6,
97337 Dettelbach, Tel. 0 93 24/35 60,
www.dettelbach.de, Mo–Sa 10–13 und
14–17, So 10–13 und 14–16 Uhr

FÜRTH
Jüdisches Museum Franken
Jüdische Geschichte und Kultur in
Franken. Das Museum ist nicht nur
Ausstellungshaus, sondern auch
Gesprächs- und Lernort.
Königstraße 89, 90762 Fürth,
Tel. 09 11/77 05 77, www.juedisches-
museum.org, Di 10–20, Mi–So 10–17

Uhr, Sonderschließtage: 1.–13. Okt.
(Kirchweih), 8.10. (Jom Kippur)

GEROLZHOFEN
Stadtmuseum
Verschiedene Dauerausstellungen:
Welterfolg Nähmaschine, Schule im
19. Jh. und in der Johanniskapelle
»Kunst und Geist der Gotik«.
Altes Rathaus, 97447 Gerolzhofen, Tel.
0 93 82/90 35 12, www.gerolzhofen.de,
Mo–Fr 9–12 und 13–17, Sa 9–12 Uhr,
April–Okt. auch 14–17, So 14–17 Uhr;
Johanniskapelle in der Kirchgasse Sa,
So 14–17 Uhr

KITZINGEN
Deutsches Fastnachtsmuseum
Offizielle Sammlung und Zentral-

Nostalgiefahrt in einer originalen Postkutsche in Bad Mergentheim.

Schätze der Sakralkunst im Haus der Geschichte in Dinkelsbühl.

archiv des deutschen Karnevals: Masken, Trachten, Kostüme und vieles mehr!
Museum im Falterturm (Falterstraße), Sa, So, feiertags 14–17 Uhr, und Museum in der Rosenstraße 10, 97318 Kitzingen, Tel. 0 93 21/2 33 55, Mo–Do 9–12 und 14–16, Fr 9–12 Uhr

LOHR
Isolatorenmuseum, Sammlung Vormwald
Weltweit einziges Museum für Isolatoren. Aus 20 Ländern wurden rund 600 Exemplare von einem Privatsammler zusammengetragen.
Im alten Trafohäuschen, Haaggasse, 97816 Lohr, Tel. 0 93 52/47 95, www.isolatorenmuseum.de, jeden 1. So im Monat 14–17 Uhr und für Gruppen nach Vereinbarung

MILTENBERG
Museum.Burg.Miltenberg
In der Mildenburg gehen russische und griechische Ikonen der Diözese Würzburg und moderne Kunst u.a. von Ernst Barlach und Joseph Beuys einen spannenden Dialog ein.
63897 Miltenberg, Tel. 0 93 71/66 85 04, www.museum-miltenberg.de, Mai–Okt. Di–Fr 13–17.30, Sa–So 11–17.30 Uhr, Nov.–April geschl.

NÜRNBERG
DB-Museum
Modelleisenbahn, Geschichte der Bahnhöfe und Eisenbahn-Erlebniswelt
Lessingstraße 6, 90443 Nürnberg, Tel. 09 11/2 19 24 24, www.deutsche bahn.com/site/dbmuseum, Di–Fr 10–17, Sa, So 10–18 Uhr

WERTHEIM
Glasmuseum
Glas sehen, fühlen, hören und begreifen. 15 Spielstationen zum Anfassen und Ausprobieren. Glasbläservorführungen.
Mühlenstraße 24, 97877 Wertheim, Tel. 0 93 42/68 66, www.glasmuseum-wertheim.de, April–Okt. Di–Do 10–12 und 14–17, Fr, Sa 13–19, So, feiertags 13–17 Uhr, 1. Advent bis Dreikönig: Weihnachtsausstellung

Wissenswertes von A bis Z

Auf einen Blick

FLÄCHE, EINWOHNER: Um die 950 000 Menschen leben auf 7055 qkm Mainfranken, dem östlichen Teil des bayerischen Regierungsbezirks Unterfranken, oder einfach: im und ums Maindreieck mit den Eckpunkten Schweinfurt, Marktbreit und Gemünden. Drei Bundesländer, im Nordosten Thüringen, Hessen im Nordwesten und Baden-Württemberg im Südwesten, grenzen an Mainfranken. Größte Stadt ist Würzburg mit etwa 133 000 Einwohnern, gefolgt von Schweinfurt mit 53 000 Einwohnern. 232 weitere Städte und Gemeinden haben sich am Main und seinen Zuflüssen Saale, Sinn und Wern (und Umgebung) angesiedelt. Neben den Oberzentren Würzburg und Schweinfurt zählt Mainfranken sieben Landkreise; flächenmäßig am größten ist der Landkreis Main-Spessart rund um Lohr, die meisten Menschen leben im Landkreis Würzburg, bei den Übernachtungen von Kurgästen und Touristen liegt der Landkreis Bad Kissingen vorne. Aschaffenburg am Bayerischen Untermain und Bamberg in Oberfranken gehören offiziell nicht mehr zu Mainfranken, sind aber Teil der Kunst- und Kulturlandschaft und als beliebte Ausflugsziele nur einen Katzensprung entfernt.

WIRTSCHAFT: Wirtschaftlich betrachtet, ist die Region ein wichtiger Industrie- und Dienstleistungsstandort. Als wichtigste Wirtschaftszweige gelten Maschinenbau, Gesundheit und Biomedizin, Logistik und die Entwicklung neuer Materialien. Tourismus und Weinbau spielen ebenfalls eine gewichtige Rolle, vor allem im Selbstverständnis der Einheimischen, die sich mit »Weinfranken« identifizieren. 2600 selbstständige Weinbauern sind in der Winzergemeinschaft Franken eG organisiert, die zu 80 Prozent Weißweine, allen voran Müller-Thurgau und Silvaner, produzieren. Die vielen kleinen Bierbrauer in der Region sollte man darüber jedoch nicht vernachlässigen. Mit den Mittelgebirgen Rhön im Norden, Haßberge und Steigerwald im Osten und Spessart im Westen und dem in den vielen Flusstälern milden Klima ist die Region mit Freizeitmöglichkeiten in der Natur reich beschenkt.

Quelle: www.mainfranken.org, www.dareza.de

ANREISE MIT AUTO UND FLUGZEUG
Mainfranken ist über die A3 aus Westen und Osten und die A7 von Norden oder Süden bequem zu erreichen. Außerdem führt die A70 nach Bamberg, die A71 Richtung Thüringen und die A81 bis Stuttgart. Die nächsten größeren Flughäfen liegen in Nürnberg und Frankfurt am Main.

PRAKTISCH REISEN OHNE AUTO

Fast alle hier aufgeführten Ausflugs-tipps sind mit öffentlichen Verkehrs-mitteln, vor allem der Bahn, auch am Wochenende sehr gut zu erreichen. Stündlich verkehrt der ICE auf der Strecke Frankfurt–Aschaffenburg–Würzburg–Nürnberg. Mit Regional-express und Regionalbahn gibt es folgende, meist stündliche Verbin-dungen: Würzburg–Treuchtlingen mit Halt u. a. in Marktbreit, Steinach bei Rothenburg, Ansbach; Würz-burg–Frankfurt mit Halt u. a. in Karl-stadt, Lohr, Gemünden, Aschaffen-burg; Würzburg–Bamberg mit Halt in Schweinfurt; Würzburg–Erfurt mit Halt in Schweinfurt, Bad Neustadt an der Saale und Mellrichstadt. Die Westfrankenbahn fährt von Aschaf-fenburg alle zwei Stunden nach Crailsheim mit Halt u. a. in Milten-berg, Stadtprozelten, Wertheim, Tauberbischofsheim, Bad Mergent-heim und Weikersheim. Der Unter-franken-Shuttle bedient die Strecke Würzburg–Gemünden–Hammel-burg–Bad Kissingen–Schweinfurt stündlich.

Explizit für Radtouristen fährt an Sommerwochenenden der Rad-Wan-der-Express Frankenland mit großer Fahrradstellfläche zwischen Aschaf-fenburg und Bamberg mit Halte-punkten u. a. in Lohr, Gemünden, Würzburg, Schweinfurt. Von Mai bis Oktober verkehrt samstags, sonn-tags und feiertags der Hochrhönbus mit Fahrradanhänger zwischen Bad Neustadt an der Saale und Fladun-gen mit Stopp am Kreuzberg (www.hochrhoenbus.de). Schloss Mespelbrunn wird regelmäßig mit dem Bus vom Aschaffenburger Bahn-hof aus angefahren. Fahrpreise und Verbindungen unter: www.bahn.de; Bayernticket: fünf Reisende in Regio-nalzügen an einem Tag für 29 €

AUSKUNFT

**Eigenbetrieb Congress –
Tourismus – Wirtschaft**
Am Congress Centrum, 97070 Würzburg, Tel. 09 31/37 23 35, www.wuerzburg.de
Tourismusverband Fränkisches Weinland
Am Congress Centrum, 97070 Würzburg, Tel. 09 31/37 23 35, www.fraenkisches-weinland.de (mit Veranstaltungskalen-der und allen Weinfesten)
Touristinformation Spessart-Mainland
Bayernstraße 16, 63739 Aschaffenburg, Tel. 0 60 21/39 42 71, www.spessart-mainland.de

Kunstgenuss pur in der Städtischen Sammlung im Kulturspeicher Würzburg.

Main-Spessart Informations-zentrale für Touristik
Marktplatz 8, 97753 Karlstadt,
Tel. 0 93 53/79 32 34,
www.main-spessart.de

Tourismus GmbH Bayerische Rhön
Spörleinstraße 11, 97616 Bad Neustadt
an der Saale, Tel. 0 97 71/9 46 70,
www.rhoen.de

Tourismusverband Steigerwald
Naturpark Steigerwald, Hauptstraße 1,
91443 Scheinfeld, Tel. 0 91 62/1 24 24,
www.steigerwald-info.de

Tourismusverband Franken e.V.
Wilhelminenstraße 6, 90461 Nürnberg,
Tel. 09 11/94 15 10
www.frankentourismus.de

LITERATURTIPPS

Spessarter Flusstouren. Mit dem Fahrrad unterwegs
Jochen Heinke, Joachim Schulmerich,
Anja Zeller, Cocon-Verlag, Hanau 2009

Mainradweg
Jochen Heinke, Bruckmann Verlag,
München 2010

Hikeline Wanderführer Steiger-wald Panoramaweg 1:35.000
Verlag Esterbauer, Rodingersdorf 2010

Hikeline Wanderführer Panorama-weg Liebliches Taubertal 1:35.000
Verlag Esterbauer, Rodingersdorf 2009

Rhön, Wandern und Einkehren
Drei Brunnen Verlag, Plüderhausen
2010, 4. Auflage

Weinfranken, Ausflüge mit Genuss. Wandern, Radeln, Einkehren
Barbi Lasar, Peter Meyer Verlag, Frank-furt 2010

WEITERE WELLNESS- UND ERLEBNISBÄDER

Triamare
Mühlbacher Str. 15, 97616 Bad Neustadt
an der Saale, Tel. 0 97 71/6 30 99 50,
www.triamare.de
Besonderheit: jeden Sonntag Nach-mittag Kinderanimation, Außen-Fun-Becken

Freizeitbad Sinnflut
Am Gänsrain 2, 97769 Bad Brückenau,
Tel. 0 97 41/91 12 55, www.fluti.de
Besonderheit: Becken mit Kletter-wand, Wasserspielgarten

Frankentherme Bad Königshofen
Am Kurzentrum 1, 97631 Bad Königsho-fen, Tel. 0 97 61/9 12 00, www.franken-therme.de
Besonderheit: Deutschlands erster Naturheilwassersee

Bade- und Wellnessparadies Solymar
Erlenbachweg, 97980 Bad Mergent-heim, Tel. 0 79 31/96 56 80,
www.solymar-online.de
Besonderheit: Black-Hole-Röhren-rutsche mit Sound- und Lichteffek-ten (70 m lang)

Geomaris
Dingolshäuser Straße 2, 97447 Gerolz-hofen, Tel. 0 93 82/2 61
www.geomaris.de
Besonderheit: Textilsauna

Bade- und Saunaparadies aqua-sole
Marktbreiter Straße 8, 97318 Kitzingen,
Tel. 0 93 21/39 00 70, www.aqua-sole.de
Besonderheit: Pfahlsauna auf einer Maininsel mit Zugang zum Main

Register

Quickfinder – alle Ausflugstipps auf einen Blick

Tipp	Seite	Ort	Ausflugstipp	Jahreszeit
1	14	Fulda	Kinder-Akademie	ganzjährig
2	15	Aschaffenburg	Park Schönbusch	ganzjährig
3	16	Aschaffenburg	Johannisburg/Pompejanum	April–Okt.
4	18	Sommerkahl	Kupferbergwerk Wilhelmine	April–Okt.
5	19	Stadtprozelten	Besichtigung der Henneburg	ganzjährig
6	20	Mespelbrunn	An der Elsava zum Märchenschloss	April–Okt.
7	22	Triefenstein	Sagenführungen, Burg und Papiermühle	Mai–Okt.
8	23	Wertheim	Shoppen im Outletcenter und Stadtbummel	ganzjährig
9	24	Bronnbach	Kloster Bronnbach, Bronnbacher Kultouren	April–Okt.
10	26	Kreuzwertheim	Eisenhammer Hasloch	ganzjährig
11	27	Lohr	Märchen-Wanderweg im Naturpark Spessart	ganzjährig
12	28	Hafenlohrtal	Europäischer Kulturweg	ganzjährig
13	30	Bayrische Schanz	Waldweihnacht	Adventszeit
14	32	Gössenheim	Spaziergang zur Ruine Homburg	April–Okt.
15	33	Gemünden	Kanutour auf der Fränkischen Saale	Sommer
16	34	Hammelburg	Weinlehrpfad	ganzjährig
17	35	Hammelburg	Start des Rhönradwegs	ganzjährig
18	36	Karlstadt	Kostümführungen, Klempnermuseum, Karlsburg	ganzjährig
19	37	Himmelstadt	Historische Poststelle	Adventszeit
20	38	Veitshöchheim	Führung für Kinder im Rokokogarten	April–Okt.
21	40	Rimpar	Walderlebniszentrum Gramschatzer Wald	ganzjährig
22	41	Rimpar	Kletterwald Einsiedel	März–Okt.
23	42	Arnstein	Naturbadesee	ganzjährig
24	43	Hohe Rhön	Schwarzes Moor	April–Okt.
25	44	Würzburg	Schifffahrten im Maindreieck und Mainviereck	ganzjährig
26	45	Bocksbeutel-straße	Im Herzen der Bocksbeutelstraße	ganzjährig

Restaurant	Museum	Wandern, Spazieren	Radeln	Zoo, Tierpark, Reiten	Besichtigung	Theater, Veranstaltung	Wasseraktivitäten	Tipps für Kids	Sport & Fitness	Freizeit-/Activitypark	Shopping	für Regentage
✕	🏛							👪				☂
✕		🚶			🏛							
✕	🏛	🚶			🏛							
		🚶			🏛		👪					☂
✕		🚶			🏛		👪					
✕		🚶	🚴		🏛		👪					
✕	🏛	🚶			🏛		👪					
✕	🏛	🚶									🛍	☂
✕		🚶	🚴		🏛							
✕					🏛							☂
✕		🚶			🏛		👪					☂
✕		🚶	🚴	🐘								
✕		🚶				🎭	👪				🛍	
✕		🚶			🏛		👪					
✕		🚶				≈	👪	⛓				
✕	🏛	🚶			🏛							
			🚴									
✕	🏛	🚶			🏛							☂
					🏛		👪					☂
✕		🚶			🏛		👪					
✕					🏛		👪					☂
✕							👪	⛓	🎡			
✕			🚴			≈	👪					
✕		🚶					👪					
					🏛	≈						
		🚶	🚴		🏛							

Quickfinder – alle Ausflugstipps auf einen Blick

Tipp	Seite	Ort	Ausflugstipp	Jahreszeit
27	46	Würzburg	Festung Marienberg mit Maschikuliturm	März–Okt.
28	48	Würzburg	Kinder- und Jugendfarm	ganzjährig
29	49	Würzburg	Motor- und Segelfliegen	ganzjährig
30	50	Würzburg	Kultureller Streifzug	ganzjährig
31	52	Würzburg	UNESCO-Weltkulturerbe Residenz und Hofgarten	ganzjährig
32	54	Würzburg	Main-Radweg	März–Nov.
33	55	Würzburg	Museum Shalom Europa	ganzjährig
34	56	Würzburg	Themenführungen	ganzjährig
35	57	Würzburg	Ballonfahren	je nach Wetter
36	58	Würzburg	Der Steinwein und Würzburgs Traditionsweingüter	Mai–Okt.
37	60	Retzstadt	Wandern im Weinland	ganzjährig
38	61	Eibelstadt	Floßbau als Teamsport	Juni–Aug.
39	62	Fladungen	Fränkisches Freilandmuseum	April–Okt.
40	63	Kreuzberg	Skifahren	Winter
41	64	Bad Kissingen	Stadtbummel mit berühmten Persönlichkeiten	ganzjährig
42	65	Escherndorf/ Sommerach	Weinlese beim Winzer	Sept./Okt.
43	66	Volkach/ Escherndorf	Wanderungen an der Mainschleife	ganzjährig
44	67	Fahr am Main	Mit der Fähre über den Main	ganzjährig
45	68	Volkach	Mainschleifenbahn	Mai–Okt.
46	69	Volkach	Floßfahren auf dem Altmain	Mai–Okt.
47	70	Schweinfurt	Museumstour	ganzjährig
48	72	Coburg	Stadtrundgang, Schloss Ehrenburg und Veste	ganzjährig
49	74	Bad Staffelstein	Rad- und Wandertour durch den Gottesgarten	ganzjährig
50	76	Bad Staffelstein	Obermain-Therme	ganzjährig
51	77	Geiselwind	Freizeit-Land	April–Okt.
52	78	Bamberg	Bier- und Brauereimuseum	April–Okt.
53	80	Bamberg	Stadtführung mit dem Segway	ganzjährig

Restaurant	Museum	Wandern, Spazieren	Radeln	Zoo, Tierpark, Reiten	Besichtigung	Theater, Veranstaltung	Wasseraktivitäten	Tipps für Kids	Sport & Fitness	Freizeit-/Activitypark	Shopping	für Regentage
✕	🏛	🚶			⛪							☂
				🐘				👪		🎡		
					⛪							
✕	🏛	🚶			⛪	🎭						☂
✕		🚶			⛪							
			🚴		⛪							
✕	🏛				⛪							☂
✕		🚶			⛪							
					⛪							
		🚶			⛪							
✕		🚶										
✕							≈		⭕			
	🏛							👪				
✕								👪	⭕			
✕		🚶			⛪							
✕		🚶										
✕		🚶	🚴		⛪		≈					
✕		🚶	🚴									
		🚶						👪				☂
							≈	👪				
✕	🏛				⛪							☂
✕	🏛	🚶			⛪							
✕		🚶	🚴		⛪			👪				
✕							≈					☂
✕				🐘				👪		🎡		
✕	🏛	🚶										☂
		🚶			⛪				⭕			

Quickfinder – alle Ausflugstipps auf einen Blick

Tipp	Seite	Ort	Ausflugstipp	Jahreszeit
54	82	Marktbreit	Museum Malerwinkelhaus	April–Nov.
55	83	Sommerhausen	Torturmtheater	März–Dez.
56	84	Iphofen	Steigerwald-Panoramaweg zum Schwanberg	ganzjährig
57	85	Mönchsondheim	Kirchenburgmuseum, historische Volksschule	März–Okt.
58	86	Creglingen	Von Altar zu Altar mit Tilman Riemenschneider	ganzjährig
59	88	Rothenburg ob der Tauber	»Der Meistertrunk«	Pfingsten
60	90	Bad Windsheim	Freilandmuseum	März–Dez.
61	91	Bad Windsheim	Franken-Therme	ganzjährig
62	92	Schillingsfürst	Jagdfalkenhof	April–Okt.
63	93	Dinkelsbühl	3D-Museum	ganzjährig
64	94	Dinkelsbühl	Planwagenfahrt	Ostern–Okt.
65	95	Zirndorf	Playmobil-FunPark	ganzjährig
66	96	Ansbach	Stadtspaziergang	ganzjährig
67	98	Höchstadt	Karpfenland Aischgrund	Sept.–April
68	100	Röttingen	Weinlehrpfad und Sonnenuhrenweg	ganzjährig
69	101	Riedenheim	Fallschirmspringen	ganzjährig
70	102	Weikersheim	Junge Oper im Schlosshof	Ende Juli 2013
71	103	Bad Mergentheim	Wildtierpark	März–Nov.
72	104	Tauberbischofsheim	Wandern, Radeln, Skaten	ganzjährig
73	105	Walldürn	Am Limes	ganzjährig
74	106	Miltenberg	Historische Altstadt und Kloster Engelberg	ganzjährig
75	107	Amorbach	Stadtbummel und Nibelungensteig	ganzjährig
76	108	Buchen/Eberstadt	Tropfsteinhöhle	ganzjährig
77	109	Heilbronn	experimenta	ganzjährig

Restaurant	Museum	Wandern, Spazieren	Radeln	Zoo, Tierpark, Reiten	Besichtigung	Theater, Veranstaltung	Wasseraktivitäten	Tipps für Kids	Sport & Fitness	Freizeit-/Activitypark	Shopping	für Regentage
✕	🏛				🏛							
✕						🎭						☂
✕		🚶			🏛							
	🏛				🏛			👫				☂
✕	🏛				🏛		≈					☂
✕		🚶			🏛	🎭						
✕	🏛	🚶				🎭		👫				
✕							≈					☂
✕		🚶		🐘	🏛			👫				
	🏛							👫				☂
✕	🏛				🏛							
✕				🐘				👫		⚙		
✕	🏛	🚶			🏛	🎭						
✕	🏛	🚶	🚴		🏛							
✕	🏛	🚶			🏛							
✕									☖			
✕		🚶			🏛	🎭						
✕		🚶		🐘				👫				
✕		🚶	🚴		🏛				☖			
✕	🏛	🚶	🚴		🏛			👫				
✕		🚶			🏛							
✕		🚶			🏛							
✕		🚶						👫				☂
✕								👫				☂

Liebe Leserinnen und Leser,

vielen Dank, dass Sie sich für einen Titel aus unserer Reihe MERIAN *aktiv* entschieden haben. Wir freuen uns, Ihre Meinung zu diesem Freizeitführer zu erfahren. Bitte schreiben Sie uns an merian-aktiv@travel-house-media.de, wenn Sie Berichtigungen und Ergänzungen haben – und natürlich auch, wenn Ihnen etwas ganz besonders gefällt.

Alle Angaben in diesem Freizeitführer sind gewissenhaft geprüft. Preise, Öffnungszeiten usw. können sich aber schnell ändern. Für eventuelle Fehler übernimmt der Verlag keine Haftung.

© 2012 TRAVEL HOUSE MEDIA
   GmbH, München

Postfach 86 03 66
81630 München
merian-aktiv@travel-house-media.de
www.merian.de

MERIAN ist eine eingetragene Marke der
GANSKE VERLAGSGRUPPE.

1. Auflage

Unterstützt haben uns Herr Meyer (Buchladen Neuer Weg, Würzburg) und Herr Ruffing (Buchhandlung Hugendubel, Würzburg) durch wertvolle Hinweise. Herrn Prof. Dr. Dr. Karlheinz Müller danken wir für den Text zu Tipp 33. Ferner drücken wir der Sparkasse Mainfranken Würzburg unseren Dank für die Unterstützung bei der Realisierung dieses Reiseführers aus.

PROGRAMMLEITUNG
Dr. Stefan Rieß
KONZEPT UND IDEE
Verónica Reisenegger, Ingra Halder
PROJEKTMANAGEMENT
Verónica Reisenegger, Andreas Hugle
LEKTORAT
Clemens Hoffmann
SATZ
Regina Rechter, München
REIHENGESTALTUNG
bookwise medienproduktion GmbH, München
KARTEN
Gecko-Publishing GmbH
für MERIAN-Kartographie
**BEI INTERESSE AN DIGITALEN DATEN
AUS DER MERIAN-KARTOGRAPHIE:**
kartographie@travel-house-media.de
DRUCK UND BINDUNG
Stürtz Mediendienstleistungen, Würzburg

Bei Interesse an Buch-, Kalender- und anderen Projekten:
Verónica Reisenegger, Tel.: 089 450 009-912
veronica.reisenegger@travel-house-media.de

Ein Unternehmen der
GANSKE VERLAGSGRUPPE

PEFC
PEFC/04-31-1404

BILDNACHWEIS: Titelbilder: dpa Picture-Alliance (l); Tourismusgem. Miltenberg Bürgstadt Kleinheubach (m); Velociped Fahrradreisen (r); 2010 W. Pfitzinger: 6 (m); 2011 franken-bilderbuch.de: 32, 42; akg/Bildarchiv Steffens: 52; ALIMDI.NET / M. Siepmann: 96; Amt für Ernährung, Landwirtschaft und Forsten (AELF) Würzburg: 40; A. Schmid, fotolevel: 116; A. Hub/laif: 44, 58, 67; A. Reeg, Kinder-Akademie Fulda gGmbH: 14, 110 (r); A. Zeller: 19; Archiv Stadt Röttingen: 100; Bayerische Schlösserverwaltung, www.schloesser.bayern.de: 38, 39; Bayerischer Jagdfalkenhof/1view.de: 92; Bildagentur Geduldig: 12 (r), 53; Bildagentur Huber: 74, 75; blickwinkel/Luftbild Bertram: 72, 73; B. Schieren / imagebroker / Okapia: 98; C. Renetzki, Papiermühle Homburg: 22; Congress-Tourismus-Wirtschaft Würzburg: 7, 10; Congress-Tourismus-Wirtschaft Würzburg/A. Bestle: 8, 9, 50, 51, 119; DB Museum Nürnberg: 112, 113; Deutsches Weininstitut GmbH: 59; die bildstelle / ANP PHOTO: 85; dpa Picture-Alliance: 43; „Fauna" Wildpark GmbH: 103; Förderverein Mainschleifenbahn e. V.: 68; F. Boxler: 15, 70; Franken-Therme Bad Windsheim, Fotograf A. Hoehn.jpg: 91; Fränkisches Freilandmuseum Fladungen: 62; G. Knoll/laif: 6 (l)), 16, 17, 46, 47; H. Bauer: 18; H. Wohner / LOOK-foto: 24; H. Lade Fotoagentur GmbH: 28, 29; H. Kehrer / mauritius images: 82; imagebroker / vario images: 63, 99; I. Wenzel/Touristik Service Dinkelsbühl: 117; „isaphoto", Stadt Tauberbischofsheim: 98; JAHRESZEITEN VERLAG / GourmetPictureGuide: 45; Jeunesses Musicales Deutschland, Weikersheim.: 13, 102; Kinder- und Jugendfarm Würzburg e.V.: 48; K. Fuchs Presse Foto Design: 88, 89, 90; experimenta: 109; M. Bauersachs, Stadt Amorbach: 107; M. Kirchgessner/laif: 35; M. Raupach, GuideMedia GbR: 78, 79; M. Sauer, Sauer-Barthel GmbH & Co.KG: 69; M. Müller, Weinhaus am Riesen: 60; Museen und Galerien der Stadt Schweinfurt: 71; Obermain-Therme, Bad Staffelstein: 76, 110 (l); OKAPIA KG, Germany: 66; O. MACK WUERZBURG 0179/1271535: 83; P. Frischmuth / argus: 25, 54, 86, 87; P. Langer, Kletterwald Einsiedel GmbH: 41, 61; plainpicture/Design Pics: 93, 111; plainpicture/J. Sander: 12 (l), 101; PLAYMOBIL / geobra Brandstätter GmbH & Co. KG: 95; RG Images / STOCK4B: 65; R. Bauer: 49; Seywaytour Bamberg: 80; Shalom Europa Museum, Würzburg: 55, 110 (m); Stadt Buchen im Odenwald: 108; Stadt Karlstadt: 36, 37; Stefan Gregor: 20, 21; © G. Stoppel: 105; SuperStock, mauritius images: 84; T. Stankiewicz /Look: 94; TerraVista / LOOK-foto: 77; T. Geiger: 57; Tourismusgemeinschaft Miltenberg Bürgstadt Kleinheubach: 12 (m), 106; Touristinformation Stadt Lohr a.Main: 27; vario images: 25, 34, 62; Velociped Fahrradreisen: 11; Waldschänke Bayrische Schanz: 30, 31; © Weissbach/teamwork: 77; Wertheim Village 2011: 23; W. Mainka, Würzburger Nachtwächter GmbH: 56; Your_Photo_Today: 6 (r), 33